Fethiye Çetin
ANNEANNEM

Elazığ-Maden'de doğdu. İlk ve orta öğrenimini
Mahmudiye, Maden ve Elazığ'da tamamladı. An-
kara Üniversitesi Hukuk Fakültesi mezunu. İstan-
bul Barosu, İnsan Hakları Yürütme Kurulu üyeli-
ği ve Azınlık Hakları Çalışma Grubu'nun sözcü-
lüğünü yaptı. Çeşitli gazete ve dergilerde yayım-
lanmış yazıları var. Halen İstanbul'da yaşıyor.

Metis Yayınları
İpek Sokak 5, 34433 Beyoğlu, İstanbul
Tel: 212 2454696 Faks: 212 2454519
e-posta: info@metiskitap.com
www.metiskitap.com

Metis Edebiyat
ANNEANNEM
Fethiye Çetin

İlk Basım: Kasım 2004
Yedinci Basım: Şubat 2007

Metis Edebiyat Yayın Yönetmeni:
Müge Gürsoy Sökmen

Yayıma Hazırlayan:
Emine Bora

Kapak Fotoğrafı: Richard Bedrosyan
İsguhi ve Hovhannes Gadaryan'ın New Jersey'deki mezarı
Kapak Tasarımı: Emine Bora

Dizgi ve Baskı Öncesi Hazırlık:
Metis Yayıncılık Ltd.

Baskı ve Cilt:
Yaylacık Matbaacılık Ltd.
Fatih Sanayi Sitesi No: 12/197-203
Topkapı, İstanbul Tel: 212 5678003

ISBN 975-342-492-2

FETHİYE ÇETİN
ANNEANNEM

anlatı

 metis

Beni, yazmam için yüreklendiren,
ellerindeki tüm olanakları seferber ederek tembellik
bahanelerimi elimden alan sevgili Ayşe, Nadire,
Necmiye, Zeynep, Zehra, Handan;
siz olmasaydınız bu kitap olmazdı.
İyi ki varsınız ve iyi ki benim dostlarımsınız.

O yılın Ocak ayı aklıma düştüğünde içim ürperiyor, üşüyorum. İçimde, çok derinlerde bir yerlerim sızlıyor. Annem çok acı çektiğini anlatmak için elini sol memesinin üstüne koyar ve "Tam şuram, tam şuramda bir yer, sızım sızım sızlıyor," derdi. Tam da öyle yüreğimin derinliklerinde bir yerlerim sızım sızım sızlıyor.

Eski, kararmış ama kocaman taşlarla örülü yüksek duvarların çepeçevre sardığı soğuk cami avlusu ve insanın içini ürperten buz gibi musalla taşının üstünde bir tabut. Musalla taşı da onu tutan kaidesi de yekpare kocaman taştan yapılmış. Tabutun altındaki taş o kadar soğuk ki, o taşa dokunsam elim oraya yapışacak gibi geliyor, uzak duruyorum. Sanki bütün bunlar, o devasa duvarlar, taşlar insanın çaresizliğini, zavallılığını hissetmesi için tasarlanmış.

Artık ne zaman bir musalla taşı görsem, mevsim ne olursa olsun üşüyorum, kaçıyorum oralardan. Ama kimi zaman da durup dururken ansızın o cami avlusu, musalla taşı ve soğuk aklıma düşüyor. Üşüyorum yine.

Gece Emrah aradı. "Anneannemi kaybettik," dedi. Öldüğünü biliyorum. Sabah, mezarlığın içinde, gusulhanede (gusulhane diyorlar, bu söz de içimi ürpertiyor) kadınlar onu yıkadılar, hazırladılar, sonra vedalaşmamız için bizi çağırdılar. Soğumuş bedeniyle vedalaştım, yanaklarından öptüm onu. Dudaklarımda hâlâ o bedene hiç yakışmayan soğukluğu hissediyorum. O tabutun içine konduğunu biliyorum ama yine de kabullenemiyorum. Bütün bunlar, rüyada oluyormuş gibi geliyor bana. O tabutta anneannemin öylesine hareketsiz ve çaresiz yatabileceğine inanamıyorum. Bir de, bizim, olan biteni böylesine çaresiz izlememize.

Cami avlusunun en kuytu köşesine sinmiş kadınlarla bekleşiyoruz. Öyle çaresiz bekleşir ve yeni gelenlerle sarılıp ağlaşırken erkek kalabalığından biri, yanımıza hızla ve telaşla gelip sordu: "Seher Teyzenin annesiyle babasının adı nedir?"

Bu soruya hemen cevap gelmedi kadınlardan. Sessizlik ve karşılıklı bakışmalar dikkati çekecek kadar uzadı. Bir süre sonra sessizlik yine kadınlar arasında biri, Zehra Teyzem tarafından bozuldu: "Babasının adı Hüseyin, annesinin adı Esma."

Teyzem bu isimleri söyler söylemez bakışlarını, onay bekler gibi bana çevirdi ya da bana öyle geldi.

Soruyu soran adam, bu ketum kadın kalabalığından beklediği cevabı sonunda koparmış olmanın rahatlığı ile musalla taşının önünde birikmiş erkek kalabalığına yönelmişken yüreğimden kopup gelen ve sessizliği yırtan şu sözler, kendiliğinden ağzımdan döküldü:

"Ama bu doğru değil!.. Onun annesinin adı Esma değil, İsguhi. Babası da Hüseyin değil, Hovannes!.."

Üzerine almış olduğu isim iletme görevini tamamlayıp işini bitirmek üzere iken benim itirazımla suratında hoşnutsuz bir ifade ile geriye dönen adamın ne dediğimi anlamaya çalışan bakışları üzerimde odaklandı.

O sırada teyzelerim ağlamaya başladılar. Onların ağlaması bir işaretmiş gibi kadınların tümü katıldı bu ağlamaya. Çoğu kez bulaşıcıdır ağlamak. Ben de gözyaşlarımı engelleyemedim. İtirazımı tekrarlamak ve sözlerimin ardında durmak ağlamaları artıracak diye sustum ama ikiyüzlülüğümüzü o ortamda da sürdürmenin utancıyla başımı öne eğdim, için için ağladım.

Adam bir süre bu ağlaşan kadın yığınına baktı ve sonra "kadınlar işte" der gibi bir ifade ile hızla yanımızdan uzaklaştı.

Annesinin adı Esma, babasının adı Hüseyin olmadığı gibi kendi adı da Seher değil, Heranuş'tu onun. Ben de bunu çok geç öğrenmiştim.

O zamanlar Palu'nun sınırları içinde kalan köyü Habab*, Heranuş'un çocukluğunda Ergani Maden Mutasarrıflığına bağlı 207 haneli büyük bir köydü. Köyde iki kilise ve bir manastır vardı. Heranuş, Hovannes** ile İsguhi Gadaryan'ın ikinci çocuklarıydı. İlk çocukları Markrit öldükten sonra doğan Heranuş, çok özenle büyütüldü. Heranuş'tan sonra arka arkaya iki çocukları daha oldu. Heranuş'un minicik bir kız çocuğu iken ablalık ettiği bu iki erkek kardeşin adları, Horen ve Hırayr'di.

Heranuş'un babası Hovannes, yedi kardeşin üçüncüsüydü. Hovannes'in kendinden büyük Boğos ve Stepan ile kendisinden küçük Hrant, Garabed ve Manuk olmak üzere beş erkek kardeşi ve Zaruhi adında bir kız kardeşi vardı. Zaten kalabalık olan aile, büyük oğlanların evlenmesiyle iyice kalabalıklaşmıştı. Çocuk yaşta bilinmeyen bir hastalığa yakalanan Manuk uzun süre bu hastalığın pençesinden kurtulamadı. Bütün köy Manuk'un iyileşmesi için kilisede dualar etti ama Manuk'un durumunda bir düzelme olmuyordu. Tam umutlar kesilmişken Manuk hayata döndü. Başta Gadaryanlar olmak üzere bütün köy bayram etti.

* Halk arasında Habab diye bilinen köyün Ermenice adı Havav'dır. Bugün adı Ekinözü olarak değiştirilen köy, önceleri nahiye, şimdi ilçe olan Kovancılar'a bağlıdır.

** Yazılışı Hovhannes, İncil'de geçen bir isim. Ancak Anadolu'da Ovanes, Ovanis, Ohannes gibi farklı söyleyişleri de var.

9

Heranuş'un dedesi Hayrabed Efendi, Palu ve çevresinde, Ergani-Maden'de ve Kiğı'da tanınan, sevilen, saygıdeğer bir eğitimciydi. İyi bir insan olarak bilinir, sözü sohbeti dinlenirdi. O zamanlar Ergani-Maden'de ve Kiğı'da ilköğretim sonrası çocuklara eğitim veren kolejler vardı. Hayrabed Efendi, bu kolejlerde öğretmenlik yapmıştı. Köydeki kilisenin mütevellisi olmanın yanında koro şefiydi. Kardeşi Antreas Gadaryan'ın kendisinden daha tanınmış ve yetenekli bir eğitimci olduğu söylenir. Kimselerin çözemediği eski Ermenice metinleri çözmesi için ona getirirlermiş, Antreas, en zor metinlerin altından kısa sürede kalkarmış. *Palu ve Gelenekleri, Eğitim ve Entelektüel Durum* (Ermenice, Kahire, 1932) kitabının yazarı Papaz Harutyun Sarkisyan, kitabında Antreas Hoca için şu satırları yazmış: "Antreas Gadaryan Hoca, Anadolu çocuklarından biriydi. Kısa boylu, az konuşan Antreas Hoca, kalın kaşlarının altında parıldayan gözlerinin zeki bakışları ile herkesi ilk görüşte etkilerdi."

Gadaryanlar ile Arzumanyanlar, köyün köklü ve kalabalık iki ailesiydiler. Gadaryanların Hovannes, komşuları olan Arzumanyanların kendi annesi ile aynı adı taşıyan büyük kızları İsguhi'yi çok beğeniyordu, babası bir gün ona, komşu kızıyla evlenmeyi isteyip istemediğini sordu. Tereddütsüz, "Evet" dedi ve sevincinden uçtu. Kendisinden altı yaş küçük olan İsguhi'nin de Hovannes gibi çok sayıda kardeşi vardı. İki erkek dört kız kardeşin en büyüğüydü. Hayk ve Sırpuhi'den sonra ikiz kız kardeşleri Zaruhi ve Diruhi dünyaya gelmişlerdi. En küçükleri Siranuş'tu.

İsguhi'nin annesi Takuhi, köyün sağlıkçısıydı. Bir doktor kadar bilgisi olduğu söylenir ve özellikle kırık-çıkık vakalarında çevre köylerden bile kendisine başvurular olurdu. Birbirleriyle çok iyi geçinen bu iki komşu ailenin kalan üyeleri de, Hovannes ile İsguhi'nin evliliklerini onayladılar. Böylece Heranuş, bu aşk evliliğinin ikinci çocuğu olarak dünyaya geldi. Heranuş'un vaftiz babası, yıllardır Gadaryan ailesinin çocuklarını vaftiz eden Eliyan ailesinden Levon Eliyan'dı.

Heranuş, çok çabuk öğrenen ve aynı zamanda müziğe çok yatkın bir çocuktu. Şarkı söylemeyi çok sevdiğinden, şarkı repertuarını sürekli genişletiyor, yeni öğrendiği şarkıları kardeşlerine ve kuzenlerine de öğretmeye çalışıyordu. Ama en çok sevdiği bir şarkı vardı ki onu her fırsatta söylerdi. Dedesi, onu kucağına oturtup yeni şarkılar öğretir sonra da öğrettiklerini dinler, beğendiğini de Heranuş'un saçını okşayarak belli ederdi. Oyunlarda genellikle oyun kurucu olur, bu lider ve yolgösterici niteliği diğer çocuklar tarafından da tartışmasız kabul görürdü.

Heranuş 1913 yılında okula başladığında, babası ve iki amcası, bazı akrabaları gibi çalışıp para kazanmak ve iş kurabilecek miktarda sermaye edinmek amacıyla Amerika'ya gitmişlerdi. O zamanlar, zenginlikler ülkesi Amerika'ya giderek zengin olma hayali köyün erkekleri arasında çok yaygındı. Amerika'ya ilk giden Boğos Amcasıydı. Daha sonra Stepan Amca gitmişti. Onlardan sonra da babası ve Hrant Amcası uzun ve maceralı yolculuğa koyulmuşlardı.

Amcası Stepan'ın kızı Maryam ile aynı yıl okula başlayan ve aynı sınıfta olan Heranuş okuma yazmayı söker sökmez babasına ve amcalarına hitaben bir mektup yazdı. Heranuş'un mektup yazdığı kâğıdın arka yüzüne de Maryam yazdı. Bu mektubu Amerika'ya gönderdiler.

Kâğıdın bir yüzünde Heranuş'un kaleminden çıkan satırlar şöyleydi:

Sevgili babam, saygıdeğer amcalarım,
Bizler de güçsüz kalemimizle iki satır bir şeyler yazmak istedik, sevineceğinizi bilerek.
Umarız iyisinizdir, bunu arzu eder ve dua ederiz ki hep iyi olasınız. Biz de düzenli bir şekilde okula gidiyoruz ve görgülü evlatlar olmak için çok çalışıyoruz.
Horen, Hırayr, Jirayr, Maryam ve ben ellerinizden öperiz.
Anna sizi çok özlüyor ve size öpücükler yolluyor.
Heranuş Gadaryan

Mektupta adı geçen Jirayr ve Maryam, Heranuş'un Stepan Amcasının çocukları idiler. Anna ise annesi İsguhi'yi aile içinde çağırdıkları isimdi. Mektubun arka yüzünde de Maryam şöyle yazmıştı:

Sevgili babam ve sayın amcam,
Birkaç satır bir şey yazmak istiyorum böylece belki sizleri sevindirmiş oluruz.
İyiliğiniz için dua ediyoruz ki biz de iyi olalım. Saygıdeğer sevgililer biz de şimdilik okuldan geri kalmıyoruz ve çalışıyoruz.
Merak etmeyin. Fakat her zaman mektup yazmanızı rica ediyoruz. Ohan Ahpar'ın ve Hrant Ahpar'ın* yazmasını da çok arzu ediyoruz, fakat yazmıyorlar.
Ellerinizi öperim. Horen, Hırayr, Jirayr, Nektar, Anna da ayrıca selam eder.

Maryam Gadaryan

Amca kızları, Heranuş ve Maryam okuma yazma öğrendiklerini babaları ve amcalarına aynı kâğıda yazarak böyle muştuladılar. Ancak, mektubun bir yüzündeki yazı çok düzgün, çok güzel bir el yazısı olmasıyla diğerinden hemen ayırt ediliyor, ilk bakışta dikkati çekiyordu. Bu hatasız inci gibi yazı, Heranuş'un elinden çıkmaydı.

Dans etmeyi çok seven Hovannes ve İsguhi köydeki eğlenceleri hiç kaçırmaz, müziğin ritmine kendilerini kaptırır, saatlerce oyun oynar halay çekerlerdi. Amerika'ya giden kocasının yokluğunda İsguhi, düğünlere ve eğlencelere amcası ile gider dansa ve halaya katılırdı.

Uzun kış gecelerinin en büyük eğlencelerinden biri dervişlerin gelişiydi. Köy ahalisi dervişlerin etrafında halka olur, onların şiş-

* Ahpar, Ermenicede "abi" anlamında kullanılıyor. Aslı ahparik (ağabey).

lerle ve kızgın sobayla yaptıkları gösterileri korku, şaşkınlık ve hayranlıkla seyrederlerdi. Demir şişler bir yanaktan girip öbür yanaktan çıkardı ama bu şişlere bir damla bile kan bulaşmazdı. Kızgın soba kucaklanır ancak kucaklayan dervişlerin ellerinde kollarında yanıklar oluşmazdı. Heranuş bu işe çok şaşardı. Bir gün o okulda iken kardeşi Horen'in üstüne kaynar su dökülmüş ve Horen'in sol göğsü ile sol kolunda derin yanıklar oluşmuştu. Heranuş, kardeşindeki yanık izlerine baktıkça bütün bu olanlara bir anlam veremez, geceleri uzun uzun bunları düşünürdü.

Gadaryanların evi, çok geniş bir avlusu olan büyük, iki katlı, çok odalı bir evdi. Heranuş, avluda evi bekleyen köpekle dosttu ve onunla oynamayı çok severdi. Yıllar sonra da, bu avluyu, avluda kuzenleriyle ve köpeğiyle oyunlarını hasretle ve defalarca anlatacaktı. Ailenin erkeklerinin büyük bir kısmı eğitimci olduğundan, kalan kısmı ise Amerika'ya gittiğinden tarladaki ekinlerle uğraşma işi mevsimlik işçilere verilirdi, bu işçiler ve evin iki hizmetkârı büyük avluya açılan bazı odalarda kalırlardı. Kışın köydeki bu evde kalan aile yazın yaylaya çıkardı.

Gadaryanların evinde dokuma tezgâhları da vardı. Köydeki diğer pek çok ailenin yaptığı gibi bu tezgâhlarda kilim ve rengârenk örtüler dokunurdu. Heranuş, emekli olup köye yerleşen dedesini bu tezgâhların başında yeni desenler denerken bir de her akşam İncil okurken hatırlayacak ve onu sevgiyle anacaktı.

Gadaryanlar, gözü gönlü tok ve eli açık insanlardı. Bunun için misafirleri de eksik olmazdı. Hayrabed Efendi'nin sorunları çözmedeki ustalığı da eve gelen gidenlerin sayısını artırıyordu. Bu kalabalık ve renkli topluluk içinde Heranuş, akıllı, yetenekli ve sorumluluk sahibi bir kız çocuğu olarak ilgi çekiyor, sempati topluyordu. Bunda, bembeyaz tenli, sarı gür saçlı, kocaman yeşil gözlü güzel bir kız çocuğu olmasının da payı vardı kuşkusuz. Bütün bu anlatılanlara bakılacak olursa Heranuş, mutlu bir çocuktu. Bunu ilerde, çocukluğunu anlatırken kendisi de böyle ifade edecekti.

13

Heranuş'un dedesi Hayrabed Efendi'nin bir süre öğretmenlik yaptığı Ergani Maden'de doğmuşum. Ergani Maden bugün sadece Maden adıyla Elazığ'a bağlı bir ilçe. Maden, eski bir yerleşim yeri. Bir vadi ile bölünmüş iki dağ üzerine kurulmuş. Evler birbirlerinin üstünde gibi dururdu. Geçmişte İpek yolu üzerinde bir konaklama yeri olan Maden'in ortasından Dicle nehri akar. Dicle'nin üstünde iki dağı bağlayan ve şehrin iki yakasını birleştiren tarihi bir köprü vardı. Yağışın bol olduğu zamanlarda, Dicle'nin suları yükselir, kimi zaman köprünün üstünü kaplayacak şekilde taşardı. Köprünün üstünde ise görenlerde sanki birbirlerine yaslanmasalar yıkılacaklarmış duygusu yaratan zavallı dükkânlar vardı. Bu dükkânlar, Dicle'nin taştığı günlerde su içinde kalırlar, raflarda dizili pek çok şey gibi top top kumaşlar da Dicle'nin sularında bata çıka uzaklaşırdı. Dicle'nin taştığı bu günlerde köprüden geçmek çok tehlikeli olduğundan polisler köprüyü tutar kimseyi geçirmezlerdi. Tehlike geçinceye kadar şehrin bir tarafından öbür tarafına geçilemezdi.

Annemle babamın evliliği topu topu yedi yıl sürmüş, babam öldüğünde annem yirmi dört yaşında dul kalmış ve biri kundakta üç çocukla baba evine dönmüştü.

Maden'de yaşayan pek çok kişi gibi babam da Etibank Bakır Fabrikası'nda çalışıyordu. Fabrikada çalışan teknik eleman ve memurlar için yapılan lojmanlar, şehir merkezinin biraz dışındaydı ve biz bu lojmanlarda oturuyorduk. Anneannemle dedemin evleri ise şehrin tam merkezinde, çarşının içinde iki katlı eski bir evdi. Tavanları çok yüksek olan bu evin pencere içleri de çok büyük ve çok genişti. Çarşıya bakan pencerelerden birinin içini sahiplenmiştim. Tabanı ve tavanı ahşaptan bu pencere içi o kadar genişti ki, burada oynar, resim yapar, okula giden Sabahat Teyzemle benden sadece üç yaş büyük Mesut Dayımın yazılarını burada taklit eder, ezberlediğim şiirleri ve şarkıları burada söylerdim. Şiir ve şarkı söylerken bu pencere benim sahnem olurdu. Dinleyen olursa oradan bitmek tükenmek bilmeyen konserler verirdim.

Sadece pencere içlerini değil evin bütününü, içindekilerle birlikte, o kadar çok severdim ki, anneannemlere gittiğimizde eve dönüş saatinin yaklaştığını fark ettiğim anda uyuma numaraları yapardım. Babam bu numaraları yutmazdı ama kimi zaman, anneannemin "bizde kalsın" ısrarını kıramayarak sonunda "peki, kalsın" derdi ve bunu söylemesiyle dünyalar benim olurdu. Ancak, uyuma numaram her zaman işe yaramazdı. Bir keresinde, babam, bir işe yaramasa da inatla sürdürdüğüm uyuma numarama karşın beni eve kadar kucağında taşımıştı.

Sabahat Teyzem ile Mesut Dayım, okula gidiyorlardı. Onların çantaları, defterleri, kalemleri ve ille de boyama kalemleri, arkadaşlarıyla oynadıkları oyunlarda, beni, birbirlerine kaş göz işaretleri yaparak "karpuzdan" ya da "fasulyeden" de olsa oynatmaları, o evde biraz daha kalmak uğruna bu tür çocuksu cilveler yapmak için yeterli bir nedendi benim için.

Üst üste doğan üç çocukla başa çıkmaya çalışan annemin tahammülsüzlüğü karşısında, Zehra Teyzemin, dedemle anneannemin şefkati, sabrı da çekici kılıyordu bu evi benim gözümde. Bu nedenle olsa gerek, iki yaşımda bile, koltuğumun altına birtakım anlamsız eşyalar sıkıştırıp (bir çorap teki, bir örgü şişi, bir toz bezi gibi) kapıyı açık bulduğum her fırsatta anneannemlere doğru yola çıkarmışım. Fakat her seferinde oraya varamadan tanıdıklar tarafından yoldan toplanıp eve teslim edilirmişim.

O gece de dedemlerde kalmıştık. Annem, ben ve kardeşlerim. Haluk yeni doğmuştu ve kundaktaydı. Handan'ın ise hâlâ altı bağlı, ağzı emzikliydi. Babam Diyarbakır'a giderken bizi dedemlere bırakmıştı.

Sonradan öğrendiğime göre, Diyarbakır'dan aramışlar ve "siparişiniz geldi" demişler. Babam, bu siparişi almaya gitmişti. Sipariş edilen şey, "Singer" marka ayaklı dikiş makinasıymış. Siparişi alıp ertesi gün dönecekmiş.

Gece, geç saatlere kadar iskambil oynadık. Anneannem bu oyunlar içinde "on birli"yi çok severek ve ustalıkla oynardı. Bana da öğretmişti. Ya da ben öğrendiğimi sanıyordum. Onları oynarlarken zevkle izler, arada beni de oyuna dahil etmeleri için içimden dua ederdim.

Ertesi sabah, kapı hızla ve gürültüyle vuruldu. Kapının çalınışında bir olağanüstülük vardı ki, bütün ev ahalisi ahşap merdivenlerden gürültülü bir telaşla aşağıya indi. Ben de aşağıyı görecek şekilde merdiven başına geldim. Kapıdaki adam, nefes nefese, dedemi postaneye çağırıyordu.

"Fikri Dayı, seni Diyarbakır'dan telefonla arıyorlar. Hemen postaneye gel."

Dedem, ayakkabılarını ve paltosunu giyerken evdekiler ona yardım etmek zorunda kaldılar. Bir yandan "Taşkala etmeyin, hayra yorun, ya sabır," diyor ancak öte yandan ayakkabısının tekini bulamıyor bulduğunu da ters giyiyordu. Sonunda çıktı ve postaneye gitti.

O çıktıktan sonra evde telaşlı ve korku dolu bir bekleyiş başladı. Postane benim pencereradan görünüyordu. Kaçırmamam gereken bir şeyler olduğunu sezerek yukarı çıktım ve pencereme yerleştim. Gözümü postaneden ayırmıyordum.

Bir süre sonra, dedemi iki adamın kolunda postaneden çıkardılar. Yürüyemiyordu, bitkin görünüyordu. Yaklaştıkça, ağladığını fark ettim.

Evde çığlık, koşuşturma ve ağlama sesleri birbirine karıştı. Annem ve Zehra Teyzem ahşap merdivenlerden adeta kendilerini aşağıya attılar. Bağırarak ağlıyorlardı. Babam ölmüştü. Kalp krizi geçirmiş, atlatamamıştı. Telefon bunun habercisiydi.

Babamın ölümünden sonra biz, annem ve üç çocuk dedemlerin evine taşındık. Artık, sürekli birlikteydik. Ama buna rağmen babamı çok özlüyordum. Bir gün gizlice annemleri takip edip mezarlığa giderek babamın toprak altında olduğunu keşfetmeme rağmen onu, döneceği umuduyla bekliyordum. Bu bekleyiş yıllarca sürdü. Pencere içi konserlerim sona ermişti. Dedemin iki adamın kolunda postaneden çıkışı ile ahşap merdivenlerdeki telaşlı ayak sesleri beynime ve kulağıma öylesine kazınmış ki, yıllarca unutamadım.

Lojmanı boşalttık ve dedemlerle birlikte okula yakın daha büyük bir eve taşındık. Ankara'da okuduğu veterinerlik fakültesini bitiren Mahmut Dayım da geldi ve askere gitmeden önce bir süre bizimle kaldı.

Beş kardeşin en büyüğü olan Mahmut Dayım, üç çocuğu ile parasız pulsuz baba evine sığınan anneme, "Senin yerin, çocuklarınla birlikte başımın üstündedir. Sakın kaygılanma," diyerek onu teselli etmeye çalışıyordu. Zira dedemin kazancı ancak kendilerine yetiyordu. Biz dört nüfus, mevcut beş nüfusun üstüne gelmiştik ve böylece hane nüfusu dokuza yükselmişti. Bir süre sonra, Mahmudiye Harası'na tayini çıkan dayımın yanına gittik. Dayım evlenince, "başının üstünden indik" ve dedemlerin yanına döndük.

Bu evde para sıkıntısı çekildi ama iki şeyin sıkıntısı hiç yaşanmadı. Bunların biri sevgiydi, diğeri de yemek. Boğazına düşkün bu ailede her şeyden kısılırdı, ama yemekten asla.

İyi niyetli, neşeli ve sevimli bir insan olan dedem, acıktığında çekilmez biri olurdu. Karnı doyar doymaz da az önceki huysuz ve kavgacı adam o değilmiş gibi yumuşacık ve sevimli haline geri dönerdi. Açlık krizi durumlarında anneannem bir yandan dedemin karnını doyurmaya çalışırken bir yandan onu akla ve mantığa uygun davranmaya davet eder öte yandan da dedemin gazabına karşı bizi korumaya alırdı. Biz de böyle zamanlarda, sessizce ayak altından çekilir, ortalığa çıkmak için dedemin karnının doymasını beklerdik.

Fabrikada vardiyalı çalışan dedem, Ramazan ayında gece vardiyasını tercih eder, genellikle de gece işe giderdi. Ramazan ayına özgü bu aylık vardiya, ev halkı, hatta mahalleli tarafından da şiddetle desteklenir, bir aksilik çıkmaması, ay boyunca sürmesi için dua edilirdi. Gece vardiyası demek, dedemin oruçlu olduğu gündüz saatlerinde uyuması ve bütün günü uyuyarak geçirmesi demekti.

Zaten, oruç tuttuğu günler, iftar saatinden önce dedemin yanına yaklaşmayı anneannemden başka kimse göze alamazdı.

Dedem, iftara çok az kala uyandırılır ve böylece açlık krizleri atlatılmış, açlıktan gözü dönmüş dedemin gazabından kurtulunmuş olurdu. Yüzünü yıkayıp sofraya oturan dedeme, ezanın okunduğu ya da topun atıldığını haber vermek için biz çocuklar seferber olurduk. Dedem sofraya oturur, kaşığını çorba ile doldurur ve kaşığı tutan elini ağzına yaklaştırıp, başını çorba içme pozisyonunda eğerek bizim "Dedeeee, okunduuuu," diye bağırmamızı bekler, bu sahne uzadıkça, hocaya kızarak, "Okusana bre babam, okusana yahu!" diye yüksek sesle söylenir, süre uzadıkça da söylenmesi, hocayla ama hocanın gıyabında kavgaya dönüşürdü. Elinden kaşığı atar, kalkıp söylenerek hocayla kavgasını sürdürür sonra yeniden oturur ve kaşığı çorba ile doldurup aynı pozisyonu alırdı.

"Ya sabır ya Allah, okusana bre babam!"

Bir akşamüzeri dedem eve geldiğinde evde misafirler vardı. Dedemin karnının çok acıktığını suratının renginden ve yürüyüşünden anlardık. Gelişinden ve kararmaya yüz tutmuş suratından anlaşıldığı kadarıyla dedem acıkmıştı ve felaket, sert adımlarla konuk kadınlara doğru yaklaşıyordu. Dedem içeri girdiğinde misafir kadınlar hep birlikte saygıyla ayağa kalktılar. Bu saygı gösterisine "Hoş gelmişsiniz, oturun oturun rahatsız olmayın," demesini bekledikleri dedemin burnundan soluyarak doğrudan anneannemin yanına gidişini izlerken kadınlar hâlâ ayaktaydılar. Dedem, anneannemin yanına gitti ve kulağına eğilerek, ama misafirlerin de duyacağı şekilde:

"Bu hanımların oğul uşağı yok mudur? Bu saatte dışarda ne işleri var, niye evlerine gitmiyorlar?" dedi. Anneannem dedeme öfkeyle bakarak ağzının içinde ve kızgınlıkla:

"Bre, Müsürman!" diye mırıldandı.

Bütün bu olan biteni ayakta izleyen kadınlar, suratlarında bir kızgınlık ya da kırgınlık belirtisi olmadan aksine gülümseyerek:

"Biz artık gidelim. Fikri Dayının karnı acıkmış," dediler ve gittiler. Dedem, o zamanlar herkesin "Fikri Dayısı"ydı. Sonraları herkesin "dedesi" oldu. O gün ve diğer bütün günler, yaptıklarına ve söylediklerine kimse kırılmadı, alınmadı.

Anneannem dedeme kızdığı zaman işte böyle hitap ederdi: "Bre, Müsürman!"

Bu hitapta "Mü" hecesinin üzerine özel bir vurgu yapılırdı ve işte bu vurgu kızgınlığı, kınamayı anlatırdı. Dedem de böylesi zamanlarda anneanneme "Bre, Hürme!" derdi. Tabii ki, "Hür" hecesinin üzerine özel bir vurgu yaparak.

Biz, "Bre" diye başlayan bu hitapları duyduğumuzda ortalarda pek görünmemeye çalışır, fırtınanın dinmesini, dedemin karnının doymasını beklerdik.

Ciddi gözlem ve taklit yeteneği olan annem ise bu tartışmaları çaktırmadan izler daha sonra ortalık sütliman olduğunda, eğlenceli ve esprili bir dille bu tartışmaları anlatır, dedemin ve anneannemin taklitlerini yapardı. Gülmekten kırılırdık.

Karnı doyduğundan sevimli haline avdet eden dedem bu taklitleri keyifle izler, çoğu kez kendisi de katkıda bulunurdu. Anneannem ise, kafasını sallar, "Çoluk çocuğun maskarası olduk," diyerek dedeme ayıplayan ve kınayan bakışlar fırlatırdı. Bu bakışları fark eden dedem her seferinde işi tatlıya bağlamak için, "Ne kızıyorsun bre Hürme, ben sana dünya güzeli üç kız verdim. Daha ne istiyorsun," der ve güzellikleriyle övündüğü kızlarına sevgiyle ve gururla bakardı.

Anneannem her zaman bizim koruyucumuz oldu. Annem bize sinirlendiğinde terliğinin tekini bizi korkutmak için tehdit aracı olarak kullanırdı. Terliğinin tekine hamle ettiği zamanlarda, anneannem, annemin önüne dikilir, onu durdurur, sakinleştirir ve biz de her seferinde kaçacağımız yönü çok iyi bilerek doğru anneanne limanına sığınırdık.

Çocuklar çoğu kez büyüklerin tahammül sınırlarını zorlarlar, bizim de anneannemin sabrını taşırdığımız anlar mutlaka olmuştur. Yine de o bize hep şefkatli ve sabırlı davrandı. Kötü bir davranışını ya da kötü bir sözünü hatırlamıyorum. Oysa diğer torunlarına zaman zaman sert davrandığı ve azarladığı olurdu. Ama biz onun için, hep korunması gereken ve kırılmamasına özen gösterilen nadide emanetlerdik.

Yaşamı boyunca bize hep böyle davranacaktı. Torunları arasındaki bu ayrımcı davranışı aile içinde zaman zaman kıskançlık yaratır, müstehzi tavırlarla, bizim için "kıymetli torunlar" deyimi kullanılırdı.

Görenler beni babama, Handan'ı ise çok güzel bir kadın olan anneme benzetirlerdi. Bizi görenlerin ilk tepkisi, "Fethiye babasına, Handan annesine benziyor" olurdu. Bu sözlerin ne anlama geldiğini çok iyi bilirdim. Bunun anlamı, Handan'ın güzel, benimse çirkin olduğumdu. Sık sık muhatap olduğum bu sözlere anneannem çok sinirlenir, beni kucağına çeker ve genellikle başımı okşayarak, yüksek sesle ve sertçe, "Benim kızımın gözleri yeter" sözü ile tüm dikkatleri üzerine topladıktan sonra, üstüne basa basa, "Kaşla göz, gerisi söz!" der, şefkatle gözlerime bakardı. Bu söyleyişte, öylesine yukardan, kınayan ve öğreten bir hava vardı ki, bunun üzerine konu ya kapatılır ya da benim kaşlarımla gözlerim üzerine birkaç söz etmek zorunda kalınırdı.

Çalışmaktan hiç de hazetmeyen dedem, emeklilik için gereken süreyi doldurur doldurmaz emekliye ayrıldı. Henüz emekli ikramiyesini tüketmediği ilk zamanlar, "Ben hacca gideceğim," diye tutturdu. Ancak, anneannem, dedemin bu isteğini hiçbir zaman onaylamadı. Hac konusunun her açılışında anneannem, "Bre Müsürman, hac senin kapında," der ve bunu söylerken de göz ucuyla bizi işaret ederdi. Dedem hacca gidemedi, emekli ikramiyesini de kısa sürede yiyeceğe yatırarak bitirdi.

Hayatının en büyük zevki yemekti. Bol etli, tereyağlı, bol salçalı ve çok uğraştırıcı yemekler onun gözdesiydi. Kasaptan aldığı eti eve taşıtmak için çoğu kez bir hamal tutmak zorunda kalırdı. Onun değişim aracı, ölçüsü para değil, etti. Et dışında kalan her şeyin fiyatını etin fiyatına endekslerdi. Yeni satın alınan bir kazağın fiyatıyla kaç kilo et alınacağını hesaplar ve mahrum kalınan et miktarı onu çoğunlukla mutsuz ederdi.

"Bu gömleğe kaç lira verdin?" Verilen cevap üzerine gömleğin fiyatı ile kaç kilo et alınacağını hesabeder ve; "Vah vah, parayı çula çaputa yatırıyorsunuz. Yazık değil mi, o parayla şu kadar et alınırdı," diye hayıflanırdı.

Ya da, bizi şöyle kınardı: "Bu ayakkabıya o kadar para vereceğine, beş kilo et alsaydın yeseydik daha iyi olmaz mıydı?"

Başka il veya ilçelerden gelen misafirlere, alel usul, nasılsınız iyi misiniz gibi hal hatır sorusundan sonra gelen ilk soru, "Orada etin fiyatı kaç para?" olurdu. "Bilmiyorum" cevabı dedemi hem çok kızdırır hem de bu sorunun cevabının bilinmemesini aklı almazdı.

"Yahu insan yaşadığı yerdeki etin fiyatını nasıl bilmez?" Gittiğimiz yerdeki et fiyatını öğrenmek zorundaydık. Dönüşümüzde karşılaşacağımız soru belliydi: "Orada et kaç para?" Bu nedenle, her nerede olursak olalım, etin oradaki fiyatını öğrenir, bunu unuttuğumuz zamanlarda ise, dedem sorduğunda onu yanıtsız bırakmamak için yalan söylemeyi göze alır, uydururduk.

Çoğu kez, kötüye kullanılmasına ve aldatılmasına rağmen insanlara güvenini hiç kaybetmeyen dedemi saf bulan bazı satıcılar kimi zaman ona, ağzından girer burnundan çıkar, bozuk bir mal, örneğin kokmaya yüz tutmuş koca bir but kakalarlardı. Bu bozuk ve kokmuş mallar eve geldiğinde, evde yine "Bre" ile başlayan sert tartışmalara neden olur, sonunda dedem kandırıldığını kabul eder ancak satın aldığı malı geri götürmeye yüzü tutmazdı. Diğer pek çok sorun gibi bu sorunu çözmek de anneanneme düşer, anneannem, bozuk malla birlikte fırtına gibi evden çıkar, çarşının yolunu tutardı.

Çarşıda satıcıyı bulur, onu yaptığından ötürü bir güzel azarlar, malı iade ederdi. Anneannemin, koltuğunun altında bir eşya ya da elinde bir çanta ile çarşı yolunda hızla ve öfkeyle yol aldığını gören mahalleli, kıs kıs güler, anneme, "Fikri Dayı yine ne almış?" diye sorardı. Annem ve bazı genç komşu kadınlar, mahalledeki diğer olaylar gibi bu son olayı da makaraya sararlar, onlar için gece oturmalarında taklidi ve sohbeti yapılacak yeni konular çıkmış olurdu.

Bir gün dedem, büyük bir sepet üzümle çarşıdan geldi. Anneannem, sepetteki üzümlere şöyle bir baktı ve dedeme, "Bu üzümlerin canı çıkmış, bunlar yenmez. Nereden aldınsa götür ver!" dedi. Dedem ise her zaman olduğu gibi, üzümlerin geçmiş olduğunu başlangıçta kabul etmedi. Anneannemin kendisine haksızlık yaptığını, satın aldığı üzümün çok güzel olduğunu göstermek için sepetten bir salkım üzüm alıyor ancak elini kaldırırken üzümlerin hepsi sepetin içine dökülüyor ve elinde sadece üzümün çöpü kalıyordu. Biz, her zamanki gibi bu sahneyi diğerleri gibi uzaktan izliyor ve sessizce gülüyorduk.

Dedem, sepetin içinden arada bir taneleri dökülmeyen bir salkım üzüm buluyor, onu kaldırıp "Hey maşallah üzüme bakın," diyerek önce anneanneme, sonra bize gösteriyor ancak bundan sonra eline aldığı ikinci salkım bir öncekine hiç benzemiyor, onu hayal kırıklığına uğratıyor umutla kaldırdığı bu salkımdan yine sadece elinde bir çöp kalıyordu. Çöpü hızla bir kenara koyup elini yeniden sepetin içine daldırıyordu.

Sepet içinde giriştiği uzun sondaj çalışmalarından sonra dedem, üzümün kötü olduğunu kabul etmek zorunda kaldı. Gösterisine son verdi ve yine hep yaptığı gibi olay mahallini uzun süre ortalıkta görünmemek üzere, sessizce terk etti. Bundan sonra iş başa düştüğünden anneannem, elindeki işi bıraktı, sepeti alıp çarşının yolunu tuttu.

Anneannem, sadece bu konuda değil diğer pek çok konuda, becerikli, çözümleyici ve tez canlı olduğundan dedem ona böylesi durumlarda, hayranlıkla karışık "Seher Çavuş" diyerek takılırdı. Annem ise hareketliliğini ve çalışkanlığını nitelemek için ona, "fırtına hoca" adını takmıştı.

Elinden gelmeyen iş yok gibiydi. Onu, dedemin sigaralarını sarıp gümüş tabakaya yerleştirirken, soğuk algınlığında dedemin sırtına bardak çekerken, nazara geldiğini düşünenlere kurşun dökerken, eskimiş kumaş parçalarını, renk ve biçim ahengi içinde birleştirerek örtüler, seccadeler yaparken, beş şişle çorap ya da eldiven örerken görebilirdiniz.

Anneannemin yemekleri de çok meşhurdu. En zor ve uğraştırıcı yemekler onun elinde lezzetin doruklarına çıkar, yiyenler, anlata anlata bitiremezlerdi.

İçli köftesi, kaburga dolması, maden köftesi, hılorik* eşkisi, eşkili dolması, kibe mumbarı ve kibe kuduru, dolaması, meftunesi çok güzel olur, onun yemeklere kattığı lezzete kimse yetişemezdi. "Onun elinden kibe mumbar yemeden öbür tarafa gitmek olmazdı." Kızlarına da "elini verdiği" söylenir, bu söz, annem ve teyzelerimin yemeklerinin de en az annelerinin yemekleri kadar lezzetli olduğunu anlatmak için kullanılırdı.

Anneannem yemeklerindeki lezzetin sırrını şöyle anlatırdı. "Bir yemeğin lezzetli olması için malzemeden kısmayacaksın. Etini, yağını, salçasını bol bol koyacaksın. Yani malzemeye kıyacaksın. Sonra, yemeği ateşe koyup unutmayacaksın. O yemekle sen de ağır ağır pişeceksin."

Kızları, torunları, komşuları, ahbapları, ondan yemeklerin tarifini isterlerdi. Onu sık sık, işinden zevk alan bir öğretmen edasıyla kızlarına, komşularına, ahbaplarına yemek tarifi verirken görürdük. Bazı tarifleri o kadar çok dinledik ki, artık ezberledik. Meftune tarifi bugünkü gibi aklımda. Meftune, bizim cıalarda çok sevilen, yanında şehriyeli bulgur pilavı ile yenen bir patlıcan yemeği. Anneannem bu yemeği şöyle anlatırdı:

"Kasaptan bir şakka yağlı çepiç eti alacaksın. Etten bir tike bile ayırmayıp hepsini hiç bölmeden tencerenin altına yerleştireceksin." Bunu söylerken, eliyle de etin tencere altına nasıl yerleştirileceğini gösterirdi. "Etin üstüne patlıcanı güveçlik doğrayacaksın. Üstüne iki tane, iyice olmuş domates, iki yeşil isot doğrayacaksın. Sonra hazırladığın sumak suyunu hepsinin üstüne bolca dökeceksin. Harlı ateşte iki taşım kaynadıktan sonra ateşi kısacaksın. Tencereyi ateşten indirmeden on beş dakika önce içine bir küçük tasla soğuk su dökeceksin ki, et, yağını kussun."

Meftune yemeği piştikten sonra servisine de özel bir önem verilirdi. Sarmısak ve yeşil biber birlikte dövülerek hazırlanmış özel meftune yemeği sosu, yemekler tabaklara konduktan sonra üzerine dökülürdü. Sonra tabaklar, ince kıyılmış maydonozla süslenir-

* Ermenicede glorik kelimesi "yuvarlak" anlamına geliyor.

di. Meftune yemeği, tereyağlı, şehriyeli bulgur pilavının yanında sofraya getirilirdi.

Çocukluğumda iştahımın olduğu bir günü hatırlamıyorum. Yemeye-içmeye bu kadar düşkün bir ailede, yemek, benim için işkenceydi. O günlerde reddettiğim yemeklerin lezzetini yıllar sonra fark edecek ve o zamana kadar neler kaybettiğimi yıllar sonra anlayacaktım ama çocukluğum, yemek saatlerinden nefret etmekle geçti.

Annem bana zorla yedirmeye çalışır ve bir muharebe halini alan sofra saati, sonunda annemin bağırıp, söylenip eline terliği almasıyla sona ererdi. Ben yine kaçacağım yönü iyi tayin ederek anneanneme sığınırdım. Anneannem büyük bir sabırla tek talep ettiğim yemek olan, çay-peynir-ekmek üçlüsünü hazırlar, önüme getirirdi. Bize karşı çok sabırlıydı, çok duyarlıydı, aslında biz üçümüz de sınırlarımızı bilen çocuklardık. Ancak, zaman zaman bazı şeyleri dile getirmesek de çok isterdik. İşte böyle durumlarda anneannem, isteklerimizi sezer, elinden geldiğince bizi memnun etmeye çalışır, bizi nazlar, dizine yatırır, sırtımızı pışpışlardı.

Handan ile Haluk ise anneannemin memelerini paylaşmışlardı. Anneannem oturur oturmaz üstüne tırmanır, pörsümüş memeleriyle oynamaya başlarlardı. Sabırla onların bu oyundan bıkmalarını bekler, hiçbir zaman onların bu isteklerini geri çevirmezdi.

Mutsuz olduğumuz günlerde bize meşhur masalı, "Pizez* Bacı"yı anlatırdı. İlk olarak çocuklarına, şimdi bize anlattığı bu masalı daha sonra da, torunlarının çocuklarına anlatacaktı.

Soğuk kış gecelerinde anneannemi soba başında yakalar ve hep birlikte ondan "Pizez Bacı"yı anlatmasını isterdik.

"Anneanne, hadi bize Pizez Bacı'yı anlat. Pizez Bacı nedir anneanne?"

"Pizez Bacı, kanatlı karafatmadır," derdi.

---

* Pızez, Ermenice bir kelime. Kın kanatlı sinek cinsleri için kullanılıyor.

Ve başlardı anlatmaya.

Pizez Bacı'nın çamaşırları kirlenmiş. Dereye çamaşır yıkamaya giderken karşısına kirpi çıkmış. Kirpi, Pizez Bacı'ya, "Pizez Hanım, benimle evlenir misin?" diye sormuş. Pizez Bacı da kirpiye: "Kızınca beni döver misin?" diye sormuş. Kirpi, "Döverim," demiş. "Peki, neyle döversin?" diye sormuş Pizez Bacı. Kirpi de "Dikenlerimi batırırım," demiş. Bunun üzerine Pizez Bacı kirpinin evlenme teklifini geri çevirmiş, dereye doğru yürümesine devam etmiş.

Yolda kediyle karşılaşmış. Kedi de Pizez Bacı'ya evlenme teklif etmiş. Pizez Bacı, kirpiye sorduğu soruyu bu kez kediye sormuş: "Kızınca beni neyle döversin?" Kedi, "Beni kızdırırsan seni tırmalarım," diye cevap vermiş. Bu cevap üzerine Pizez Bacı, kedinin evlenme teklifini de geri çevirmiş ve yoluna devam etmiş.

Bir süre sonra karşısına Sıçan Bey çıkmış. Sıçan Bey de Pizez Bacı'ya, "Benimle evlenir misin Pizez Hanım?" demiş. Pizez Bacı Sıçan Bey'e de sormuş: "Kızınca beni neyle döversin?" Sıçan Bey, kuyruğunu göstererek, "İşte bu küçük ve yumuşacık kuyruğumla," demiş. Pizez Bacı, "Bunun kuyruğu yumuşaktır, acıtmaz," diye düşünerek Sıçan Bey'in evlenme teklifini kabul etmiş ve çamaşırları yıkamak için birlikte dere kenarına gitmişler.

Bir süre sonra, uzaktaki Bey evinden müzik sesi duyulmuş. Bey evinde düğün olduğunu, düğünde davetlilere ziyafet çekileceğini bilen Sıçan Bey, "Ben Bey evine koşarak gideyim, biraz yiyecek alıp geleyim. Zaten acıktık. Karnımızı doyurduktan sonra çamaşıra devam ederiz," demiş ve yiyecek bir şeyler bulup getirmek üzere dere kenarından uzaklaşmış.

Koşarak gittiği evde, kazanlar dolusu yemeği, müziği, eğlenceyi gören Sıçan Bey, Pizez Bacı'yı hemen unutmuş. Yemeye, içmeye ve eğlenceye dalmış.

Pizez Bacı ise çamaşırları yıkamış, tokaçlamış, dereden bir tas su almak için eğildiği sırada suya düşmüş ve bir türlü kurtulamamış. Bu sırada Bey evine gitmekte olan atlı bir grup, atlarına su içirmek için dere kenarında mola vermişler. Atlar, dereden su içerken derinden derine bir ses duymuşlar. Şöyle diyormuş Pizez Bacı:

"Atlılar, atlılar, cebi dolu tatlılar,
Bey evine varasız,
Sıçan Beyi göresiz,
Pizez Hanım dereye düşmüş, durmasın gelsin!"

26

Atlılar sesi duydukları halde etrafta kimseyi görememişler. Sesin nereden geldiğini anlayamamışlar. Bir süre sonra Bey evine doğru yola çıkmak zorunda kalmışlar. Bey evine vardıklarında, derenin kenarında duydukları sesi anlatmışlar.

Atlıların anlattıklarını, Sıçan Bey de duymuş. Unuttuğu karısını hatırlamış ve Bey evinden çıkarak dere kenarına koşmuş. Dere kenarında Pizez Bacı'yı bulan Sıçan Bey ona:

"Ver elini çekelek," demiş.

Pizez Bacı Sıçan Bey'e çok kırıldığından,

"Ben senden küselek," diye cevap vermiş.

"Ver elini çekelek."

"Ben senden küselek. Üç gün gittin ling linge, ben de senden küs linge."

"Küs lingeye, bas linge," diyen Sıçan Bey, bir top çamur alarak Pizez Bacı'nın üstüne atmış ve gitmiş.

Çocukları, torunları, torunlarının çocukları bu masalı dinleyerek ve onu çocuklarına anlatarak büyüdüler. Sanırım, bu masal, içeriğinden bağımsız, tekerlemeleriyle hoşumuza gidiyordu.

"Ver elini çekelek."

"Ben senden küselek..."

Babam öldükten sonra hiç oyuncağım olmadı. Oyuncağım olsun diye bir isteğim de. Ama bir müzik aletimin olmasını, bu isteğimi dile getirmesem de hep çok istedim. Akranlarım evcilik oynarken ben bulduğum tahta parçasının üzerine teller gerer, onlardan farklı sesler çıkarmaya çalışırdım. Bazen tellerin yanında çeşitli kalınlıkta lastikleri de tahtanın üzerine gerer, bunların gerginliklerini çıkan sese göre ayarlardım.

Sonra bir gün Mahmut Dayım, küçük dayıma, (Mesut Dayıma) bir mandolin aldı. Mesut Dayım o sırada Diyarbakır'da yatılı okulda okuyordu ve mandolini yanında götürdü. Tatili dört gözle beklemeye başladım. Mesut Dayım eve gelecek diye. Tabii en çok mandolini getireceği için.

Mesut Dayım, "Tren gelir, hoş gelir" türküsünü öğrenmişti ve eve geldiğinde bize bunu çaldı. Bütün dikkatimle onu izledim. Sonra elime mandolini aldım ve bu türküyü ondan duyduğum gibi çalmaya başladım.

Mandolini elime alır almaz nasıl çalabildim bilmiyorum ama ev halkı bunu görünce, mandolinin bana bırakılmasına karar verdi ve böylece bir mandolinim oldu. Artık bulduğum her fırsatta mandolin çalıyor, nota bilgim olmadığı halde, bildiğim, duyduğum bütün şarkıları mandolinle çıkarıyordum.

Handan güzel sesi ile şarkı söylerken Haluk ters çevirdiği boş bir "Vita Yağı" kutusuyla tempo tutuyor ben de mandolinle onlara eşlik ediyordum. Hane halkının sevdiği şarkıları gündüz çalışıyor, geceleri de onlara konserler veriyorduk. Annem, teyzelerim, kardeşlerim, hepimiz şarkı söylemeyi çok severdik. Annemin, teyzelerimin sesleri de hatırı sayılır ölçüde güzeldi. Ben çalardım onlar söylerlerdi. Herkes söylerdi ama anneannemin şarkı söylediğine hiç tanık olmadım. Hiçbir şarkı ya da türküye sesiyle katılmaz fakat bazen birini beğendiğini eliyle tempo tutarak belli ederdi. Müziğe yatkınlığımı takdir eder, takdir ettiğini de, "Sen bizim tarafa benziyorsun," sözleriyle ifade ederdi. Okulda da fena bir öğrenci değildim. Eve getirdiğim karneleri gördüğünde, çok sevinir ve genellikle şöyle derdi: "Zaten sen ve Mahmut Dayın bizim tarafa benziyorsunuz." O zamanlar bana anneaannemin beğenisinin ifadesi oluşu dışında hiçbir şey ifade etmeyen bu sözlerle anneannemin neyi kastettiğini yıllar sonra anlayacaktım.

Annem, yılda iki kez sandığını boşaltır, içindekileri elden geçirir sonra boşalttıklarını bir sanatçı titizliğiyle sandığına yerleştirirdi. Sandığın açıldığı ve yerleştirildiği günleri çok severdik. Sandığın başına oturur, annemin çıkardıklarını tek tek incelerdik. Sandığın içinde daha çok annemin çehiz olarak yaptığı örtüler, danteller, iğne oyaları ile babamın anneme aldığı küçük hediyeler, parfüm şişeleri ve takılar bulunurdu.

Bütün bunların içinde benzerine daha çok yabancı filmlerde rastladığımız vişne çürüğü renginde saten sabahlıkla yine filmlerdekine benzeyen ayna tarak ve saç fırçası takımı çok ilgimizi çekerdi. Bunları her görüşümüzde, sabahlığı giymesi, o güzel aynaya bakarak saçını fırçalaması için anneme yalvarırdık.

Aslında bunu kendisi de çok isteyen annem, sabahlığı giyer, aynaya bakarak saçını fırçalar, bazan saçını yabancı filmlerdeki artistler gibi geriye atardı. Bu sahneyi çok severdik. Saten sabahlıkla ayna-fırça takımını Amerika'dan gelirken Mahmut Dayımın getirdiği söylenirdi. Mahmut Dayım o sırada da İngiltere'de okuyordu. Onun Amerika'ya gitmiş olabileceği fikrini de gayet doğal karşılıyorduk ve daha fazlasını sormayı akıl edemiyorduk.

Dedem bir ikindi namazından eve döndüğünde, yine mandolin elimde bir konser hazırlığındaydım. Geldiğini belli etmek için her zaman yaptığı gibi öksürerek, öksürüğe benzer sesler çıkararak içeri girdi.

Bu gürültülü patırtılı girişten amaç, dedemden gizli yapılması muhtemel şeyler için kadınlara, çocuklara toparlanma fırsatı vermekti. Örneğin, annem dedem hariç herkesin yanında sigara içerdi. Dedem bunu bilirdi, bilmezden gelir, onu utandırmamak için de her gelişi gürültülü olur, sigara içiyorsa anneme sigarasını söndürmesi ve izlerini yok etmesi için zaman tanırdı.

O gün de gürültülü giriş faslının ardından ayakkabılarını çıkarıp içeri girdi. Sonra, bana bakarak ve herkesin duyacağı şekilde: "Bugün, camide hoca, bu mandolin üzerine vaaz verdi," dedi. Bütün dikkatleri üzerinde topladığına emin olduktan sonra devam etti:

"Mandolin çalmak günahmış. Hoca, çocuklarınıza mandolin alarak günaha girmeyin; mandolin kursu yerine onları Kuran kursuna gönderin, dedi."

Anneannem tereddütsüz ve hiç vakit geçirmeksizin ortaya atılıp dedeme, "Bunları hoca mı söyledi?" diye sorarak emin olmak istedi.

Dedemden "Evet aynen böyle söyledi," cevabını duyduktan sonra, öfkeyle söylendi: "Boynu altında kalsın o hocanın. Mandolin niye günah oluyormuş? Kendisinin ya da çocuklarının mandoline istidatı olsaydı böyle demezdi."

Sonra dedeme çıkıştı: "O cahil hocaların aptal sözlerini bu eve getirme." Duruma zamanında el koyup dedemi susturduktan sonra başıyla da bana devam etmem için onay verdi. Anneanneme minnet duydum. Ancak, camide duyduklarına dedem de pek inanmamış olacak ki, sustu ve bu olaydan sonra, mandolin-vita kutusu konserleri hiçbir engelle karşılaşmadı.

Dedem ve anneannem namazında niyazında, dini bütün insanlardı. Ama anneannem, yobazlığa ve mantıksızlığa hiç gelemez, mantıksız bulduğu sözlere, bunu bir imam dahi söylemiş olsa cesaretle karşı çıkar, etrafındakileri de uyarır, etki altında kalmaya müsait dedemi de böyle sarsarak kendine getirirdi.

Sabah, mezarlığa gittik. Anneannem hastane morgundan alınıp mezarlığın içindeki gusulhaneye getirilmişti. Burada anneannemi yıkayıp kefenleyeceklerdi. Çocukları, torunları, torunlarının çocukları, damatları hep birlikte mezarlığın yolunu tuttuk. Yıkanırken sadece kadınların içeri girmesine izin verdiler. Erkekler, yıkanma ve kefenleme işlemi bittikten sonra anneannemle vedalaşabildiler.

İçeride dört kadın, işlerini ne kadar iyi yaptıklarını ve bolca bahşişi hakettiklerini göstermek istercesine, bir yandan sesli sesli dua okuyor, bir yandan da anneannemi yumuşacık bol köpüklü liflerle sabunluyor, ardından sıcak sularla duruluyor bu işlemi tekrar tekrar yaparken her seferinde bizlere bakmayı da ihmal etmiyorlardı.

Anneannem temizliği çok severdi. Şu anda kafasını kaldırabilse, eminim, elinde bol köpüklü lifle kendini lifleyen kadına, "O lifi öyle okşar gibi sürme, bastıra bastıra sürt ki, kirler kabarsın, kabaran kirler aksın," diye çıkışırdı.

Kirli, pasaklı insanları asla hoşgörmez; pisliği yoksullukla, yoklukla savunma girişimlerini hiçbir şekilde kabul etmez ve; "Temizlik, bir kalıp sabunun başındadır kızım. Yoklukla, fukaralıkla ilgisi yoktur," derdi.

Kadınlar, anneannemi birkaç kez sabunlayıp duruladıktan sonra suyla doldurdukları hamam tasını ilkin Zehra Teyzeme uzatarak,

"Hadi, siz de birer tas su dökün, iyi gelir, sabrınızı artırır," dediler. Önce Zehra Teyzem sonra Sabahat Teyzem annelerine sarılıp ağladılar ve sonra birer tas su döktüler. Ankara'dan gelen Handan, suyu döktükten sonra anneanneye sarıldı ve "Temiz bacı, temiz bacı," diye bir ağıt tutturup ağladı, ağladı.

Anneannemin temizliği dillere destandı. O her türlü konfordan uzak, yoksul kasaba evi, içine gireni mis gibi sabun kokusuyla karşılardı. Oturduğumuz bazı evlerin tavanları, zemini ve merdivenleri ahşaptandı. Annem, anneannem ve teyzelerim o tahtaları sabunlu sularla ve tahta fırçalarıyla, tahtalar "sakız gibi" oluncaya kadar ikide bir ovarlardı. Tahtaları "sakız gibi" olmayanları kınarken kendi tahtaları ile gizliden gizliye de övünürlerdi.

Beyaz patiskadan iç çamaşırlar ve çarşaflar, yıkandıktan sonra kaynama kazanında saatlerce kaynatılır, bugün bile duyabildiğim o temiz kaynama kokusu eve yayılırdı.

Beyaz çamaşırlarını gururla dışarı asan Seher Hanım ve kızları, gelen geçenin, konu komşunun tepkisini, pek de belli etmeksizin izler, bu tepkilerden duydukları hoşnutluğu da doğrusu hiç gizlemezlerdi. Çünkü, Maden'de bu çamaşırlar, beyazlığı ve kururken etrafa yaydığı koku ile meşhurdu. Bizim evin önünden geçenlerin rüzgârda salınan bembeyaz çamaşırlara gözü takılır, tanıyanlar, çamaşırlar üzerine bir-iki çift laf etmeden yollarına devam edemezlerdi.

Çamaşır günü, "tahfir" işlemi ile başlardı. Tahfir, bazı çamaşırların leğene konmadan önce, akar suyun altında sabunla bir kez yıkanması demekti. Tahfirlenecek çamaşırlar, pijama altları, pantolonlar, donlar ve çoraplardı. Anneannem için bunun açıklaması çok basitti: "Bu çamaşırlara, helada çiş sıçramıştır. Yıkanmadan leğene konmaz."

Maden'deki tuvaletler, bir deliği iki ayak koyma yeri olan taş tuvaletlerdi. "Tuvalette ne kadar dikkat edersen et, çişin sıçramasını engelleyemezsin," derdi. Çamaşır merasimi, çiş sıçraması muhtemel bütün çamaşırların, leğene konmadan akar sudan geçirilmesi, daha doğrusu, bir kez akar suyun altında yıkanması ile başlardı. Sonra, beli ve paçası lastikli bütün çamaşırların, pijamaların lastikleri çıkarılır, lastikler ayrı, çamaşırlar ayrı yıkanırdı. Beyazlar ayrıca kaynatılır, kuruduktan sonra, bütün çamaşırlar, donlar dahil ütülenir, lastikleri "sıcak ütü"den sonra, bir çengelli iğneye ya da bir tokaya takılarak geçirilir, bağlanır ve çamaşırlar düzgün katlanarak yerine konurdu. Bu merasim her çamaşır günü tekrarlanırdı.

Dedem, çamaşır günlerinin sıklığına çok kızar; "Yıkaya yıkaya bu çamaşırları eskitiyorsunuz, size çamaşır dayanmaz," diye söylenir, ancak ailenin kadınları tarafından bu sözleri hiç ciddiye alınmazdı.

Bu tahfir işlemi, ileride bir makine sahibi olduğumuz ve artık çamaşırları makinede yıkadığımız günlerde de devam edecekti. Bazı çamaşırlar, tahfirlenmeden makineye konmayacak, çoraplar ise tahfirlense de makinede yıkanmayıp elde yıkanmaya devam edecekti.

İkramı, gezmeyi, yemeyi, yedirmeyi çok seven anneaannem, temizlik yönünden aklına yatmayan, pasaklı bulduğu bir yerde, ikramı, "Niyetliyim, sağolun," diyerek geri çevirirdi. İkram sahipleri de bu dürüstlüğü ve dobra dobra oluşu ile tanınan, yalandan nefret eden kadının söylediğine tereddütsüz inanır ve "Allah kabul etsin," diyerek ikramdan vazgeçerlerdi.

Yalnız kaldığımızda anneanneme, "Bizim yalan söylememizi istemezsin ama sen yalan söyledin. Yalan günah değil mi anneaanne?" diye takılırdım. Suratında sıkıntılı bir ifade ile, "Haklısın kızım, Allah affetsin, ne yapayım çok pisti her şey," diye cevap verirdi.

Hamam günlerinden, hamam dönüşü dışında nefret ederdim. Anneannem, evde yıkanırken kirlerin yeterince kabarmadığı ve keseye gelmediğinden bahisle bizi, tüm karşı koymalarımıza ve itirazlarımıza rağmen zorla hamama götürürdü. Kese, lif, sıcak su ve buhar, çocuk derilerimizi sızlatır ve biz, hamam denen bu eziyetin bir an önce bitmesi için, bütün işkence seanslarına çaresiz katlanırdık. Ancak, hamam dönüşleri, yaşamımdaki en güzel anılardandır. Tertemiz, sabun kokan eve girer girmez, yola çıkmadan önce doldurulmuş, yanmaya hazır soba önündeki kibritle tutuşturulur, çok geçmeden üstünde hazır bekleyen çaydanlık tıkır tıkır kaynamaya başlardı. Biz, sobanın arkasındaki minderlere yerleşir, kediler gibi mayışırdık.

Babamın ölümünün üstünden birkaç yıl geçtikten sonra, evde kaş göz hareketleriyle desteklenen gizli saklı bazı konuşmalar olduğunu, bu konuşmaların bizden gizlenmek için de alçak sesle yapıldığını fark ettim. Bilirsiniz, büyükler, çocuklardan gizlediklerini sanırlar ama aslında çocuklar her şeyi duyarlar ve her şeyi öğrenirler. Bölük pörçük duyduklarımdan öğrendiğime göre, birtakım adamlar, anneme âşıktılar ve evlenmek istiyorlardı.

Bazı aracı kadınlar eve geliyor anneannemle odaya kapanıp konuşuyorlar sonra gizemli bir havada evi terk ediyorlardı. Aracı kadınlar geldiğinde bizi odaya almıyorlardı ama onlar gittikten sonra evde yapılan her konuşmaya, onları dinlemiyormuş, oyuna dalmış gibi yaparak kulak kesiliyordum.

Bir defasında, uyuduğumuzu düşünerek seslerini alçaltmadan konuştuklarından sözlerini çok net duydum. Anneannem anneme, "Kızım, gençsin, güzelsin, evlen. Gönlünün sevdiği, aklına yatan biri varsa, hiç düşünme evlen," dedi.

Annem, "Çocuklarımı üvey baba elinde büyütmem," diye itiraz etti. Bunun üzerine, anneannem; "Çocuklarını merak etme, ben onlara bakarım. Gençliğini mahvetme," dedi. Daha sonra bu sözü çok duydum. "İstiyorsan düşünme kızım, evlen, çocuklarına ben bakarım."

Annemin evlenmeyi isteyip istemediğini hiçbir zaman öğrenemedim, ama evlenmedi. Bu sözleri duyduğumda annemin bizi bırakıp gidebileceğini düşünerek paniğe kapılmış ve duyduklarımı kimseyle paylaşamamış, bazı geceler bu ihtimali düşünerek uyumamıştım.

Ama bugün dönüp o günlere baktığımda, anneannemin tutumunu daha farklı değerlendiriyorum. Tutucu ve baskıcı bir kasaba ortamında, "dul bir kadın" olan annemi özgürce seçim yapması, cinselliğini yaşaması için teşvik ediyordu.

Maden'de üç sinema salonu vardı. Eve en uzak olanı, fabrikaya ait olduğu için halk arasında "işletme sineması" olarak bilinir, bu sinemada orijinal filmler alt yazılı gösterilir ve film gösterileri de gece olurdu. İşletme sinemasına, bu nedenle, yanımızda bir yetişkin olmaksızın gidemezdik. Genç ve güzel bir "dul kadın" olarak annem, çok istediği halde, gece vakti sinemaya gitmeyi, "söz olur" diye göze alamıyordu. Dedemden hayır yoktu. Bu nedenle, bizi işletme sinemasına götürmesi için anneanneme yalvarırdık. Okuma yazması olmadığından bu alt yazılı filmleri izleyemeyen anneannem hiç istemediği halde sonunda bizi işletme sinemasına götürmek üzere yola çıkardı.

Ozan Sineması ise bizim evin hemen üstündeydi. Kışlık salonu ve yazlığı vardı. Yazlık sinemada gösterilen bütün filmleri izler, o film gösterimden kaldırılıncaya kadar da tüm replikleri duya duya ezberlerdik. Sinemada gösterilen filmin sesi olduğu gibi evin içindeydi.

Bir de çarşı içinde, yani bizim eve göre Dicle'nin öte yakasındaki dağda, Sezer Sineması vardı. Sezer Sineması'na gidebilmek için eski, tarihi köprüyü ve çarşıyı geçmek zorundaydık.

Bu iki sinema arasında kıyasıya bir rekabet vardı. İki, bazen üç film arka arkaya gösterilir, film tanıtımları, ellerinde megafon, üstlerinde film afişleri ile sokak sokak dolaşan adamlar tarafından yapılırdı. Kadınlar arasında en tercih edilen filmler, çok ağlatan Muhterem Nur ve Ayşecik filmleriydi. Bir film ne kadar gözyaşı döktürürse o kadar iyi iş yapardı.

Megafonlu adamlardan biri, bir gün şöyle bağırdı: "Bu filmde çok ağlayacaksınız. Bu filmde o kadar ağlayacaksınız ki, bu filme gelirken bir mendil yetmez, on mendil getiriiin."

Bu sözleri duyan kadınlar işi gücü bırakıp koşa koşa o filmi izlemeye gittiler. Mendilli reklamın tuttuğunu, bu şekilde reklamı yapılan filmin iyi iş yaptığını gören, diğer sinemanın reklamcısı ertesi gün şöyle bağırarak sokakları dolaştı:

"Bu filmde o kadar ağlayacaksınız ki, mendiller yetmeeez. Çarşaf getirin, bir değil beş çarşaf getiriiin."

Sezer Sineması ile Ozan Sineması'nın gündüz gösterimlerine, yanımızda bir yetişkin bulunmadan gitmemize izin verirlerdi. En büyük zevkimiz cumartesi günleri, anneannemin kavurduğu kavun-karpuz çekirdeklerinden ceplerimize doldurarak sinemaya gitmekti. Yazın yediğimiz kavun ve karpuz çekirdekleri atılmaz, yıkanır, kurutulur saklanırdı. Daha sonra anneannem karpuz çekirdeklerini tuzlu suda haşlar, haşladıktan sonra, ateşin üstüne yerleştirdiği sacın üstünde kavururdu. Kavun çekirdeklerini de tuzla kavururdu. Sinemaya giderken ceplerimizi işte bu çekirdeklerle doldururduk. Cumartesi günleri, sinema müşterileri öğrencilerden oluşurdu. Bu kalabalık çocuk topluluğu hep birlikte, bir yandan çekirdek çıtlatırken bir yandan da komik sahnelerde kahkaha atıp, hüzünlü sahnelerde ağlar, heyecanlı bölümlerinde bağırarak filmin baş aktörüne destek verir, sonuçtan memnun olduğumuzda ise hep birlikte alkışlardık.

O gün, karnelerimizi almıştık ve sömestr tatilinin ilk günüydü. Biz üç kardeş çarşı içindeki Sezer Sineması'na gittik. Sinemada o gün iki film üst üste gösterildiğinden uzun süre sinemada kaldık.

Filmin bitiminde ışıklar yanmadan anons yapıldı: "Alo alo, dikkat dikkat!" (Maden'de bütün anonslar böyle başlardı.) "Alo alo, dikkat dikkat! Kimse yerinden kalkmasın. Sessizce oturun ve bekleyin!" Ayağa kalkanlarımız da oturdu, oturduk ve hep birlikte beklemeye başladık.

Bir süre sonra, bazı çocukların anne ya da babaları onları almaya geldiklerinde olan biteni öğrendik. Yağmur nedeniyle tüm kasabayı sel basmış, dere taşmış, köprüler su altında kalmıştı.

Tarihi köprü de ertesi güne kadar yaya geçisi de dahil her türlü geçişe kapatılmıştı. Köprü üstündeki dükkânları sel götürmüştü ve köprü de tehlike altındaydı. Bu tarafta oturan aileler çocuklarını alıp evlerine götürecekler ancak karşı tarafta oturanların aileleri gelemeyecekti.

Korkmaya ve endişelenmeye başladım. Büyükleri olduğumdan kardeşlerim bana emanet edilmişti. Korktuğumu belli etmeden bir çözüm bulmam gerekiyordu. Sonunda, sinemanın sahibi Faik Amcayı aramaya karar verdim.

Faik Amca, babamın ve dayımın çok yakın dostuydu. Böylesi bir durumda bizi ortada bırakmaz, mutlaka bir çözüm bulurdu. Biz üç kardeş ayağa kalktık, salonun çıkışına yöneldik, kapıda bizi durdurdular. Ben, Faik Amcayı görmek istediğimizi söyledim. Kapıda, çocukları içeride tutmakla görevlendirilmiş kişi, "Siz içeride oturup bekleyin, ben Faik Amcanıza haber veririm," dedi.

Oturduk, bekledik ama Faik Amcaya haber vereceğini söyleyen adam bulunduğu yerden kımıldamadı, Faik Amcaya da haber vermedi. Bir süre sonra, tekrar ayağa kalkıp kapıya yönelmiştik ki, kapıdan içeriye hızla bir kadının girdiğini gördük. Bu kadın anneannemdi. Hep birlikte ona koştuk. O sükûnetini bozmadan ama olabildiğince hızlı hareket ederek bizi dışarıya çıkardı.

Çarşıyı geçtikten sonra köprüye doğru yürüdük. Köprünün her iki tarafında da kalabalık birikmişti. Polisler, köprüden geçişe asla izin vermediklerinden iki tarafta da yalvarmalar, yer yer de tartışmalar oluyordu.

Köprü üzerinde dükkânı olan Fazlı Hoca ve Kırmızı Yaşar, polislerin hemen arkasında başları ellerinin arasında oturuyor, sabit ve boş bakışlarla çılgın sulara bakıyorlardı. Fazlı Hoca'nın ve Kırmızı Yaşar'ın dükkânlarını sel götürmüş, içerdeki top top kumaşlar, derenin delice akan sularında gözlerinin önünde, bata çıka uzaklaşmıştı. Köprü üstündeki bütün dükkânlar aynı durumdaydı, ancak Fazlı Hoca'nın zararının çok olduğu konuşuluyordu.

Köprüye geldiğimizde hava kararmıştı. Anneannem, son derece kendinden emin yaklaştığı köprü başındaki bir polise, "Biz geldik," dedi. Komiser olduğunu sonradan öğrendiğim bu polis diğerlerine bir şeyler söyledi. Paçalarını dizlerine kadar sıvamış polislerden üçü bize yaklaştı. Komiser bizi birer birer kucaklayıp paçaları sıvalı polislerin sırtına yerleştirdi. Sular altındaki köprüden polislerin sırtında karşıya geçtik. Ayakkabılarını eline alan anneannem de hemen yanıbaşımızda bizi izledi.

Eve vardığımızda annemi sokakta bizi beklerken bulduk. Sevinçle bize sarıldı. Anneannem yine başarmıştı, ancak diğer başarılarında olduğu gibi bu başarısı ile de asla övünmedi, o günden sonra lafını bile etmedi.

O gün, kimselerin geçişine izin vermedikleri halde, anneannemin köprüden geçmekle kalmayıp bir de bizi polislere taşıtması evde akşamın konusu oldu. Dedem, yine "Seher Çavuş" diyerek onu taltif etti, anneannem üzerinde bile durmayarak konuyu değiştirmeye çalıştı. Biz, anneannemin dizlerini kapıştık ve o sırtımızı pışpışlayarak bizi yine nazladı.

Anneannem son günlerinde Zehra Teyzemin Gebze'deki evindeydi. Zehra Teyzemin küçük oğlu Emrah herkese haber verdiğinden Gebze ve İstanbul dışında yaşayan, Ankara'dan, Elazığ'dan, Edremit'ten çocukları ve torunları, cenazesine yetişmek için hemen yola çıkmışlardı. Hepimiz Zehra Teyzemin evinde buluştuk.

Zehra Teyzemin komşuları, gelenlerle yakından ilgileniyor, her gelenin karnını doyuruyor, evlerini açıyor, yataklar yaparak dışardan gelenleri misafir etmede birbirleri ile yarışıyorlardı.

Teyzemin komşularının bu yakın ilgisi hepimizi hem çok duygulandırmış hem de çok şaşırtmıştı. Teşekkür etmek istediğimizde hepsinden aldığımız yanıt aynı oldu:

"Bize hiç teşekkür etmeyin. Seher Teyze bizim de nenemizdi. O, çok yardımsever, çok cömert, çok sevgi dolu bir insandı. Ona bu son yolculuğunda yardım etmek bizim için görevdir, bizi bundan mahrum etmeyin."

Her birinin anneannemin yardımseverliği ile ilgili anlatacak bir öyküsü vardı.

Yardımseverliği diğer nitelikleri gibi onun kişiliğinin doğal ve ayrılmaz bir parçasıydı. İhtiyacı olanların yardımına, görevmiş gibi ya da bir sevap işleme amacıyla değil, doğal ve içgüdüsel bir davranışta bulunurcasına koşardı. Birinin yardıma ihtiyacı olduğunu öğrendiği anda oraya koşar, bütün olanaklarını seferber ederdi. Yaptığı iyilikleri kimselere anlatmaz, anlatılanlara da, "İyilik yap denize at, Halik bilmezse balık bilir," derdi.

Mahalleli onu çok sayar, aralarındaki uyuşmazlıklarda onu hakem tayin ederlerdi. Karı-koca kavgalarının çoğunda dedemle birlikte arabuluculuk görevi üstlenirlerdi. Küskünlerin barıştırılması, uyuşmazlıkların halli için sık sık bazı evlere davet edilirlerdi. Dedem, bu davetlerin bir kısmına anneannem ile birlikte katılır ama çoğuna da, o sırada evde dinlenmek, uyumak istediği için katılmak istemezdi. Anneannem, sabahlara kadar uykusuz da kalsa, ihtiyacı olanların yardımına koşar, anlaşmazlıkların çözümüne katkıda bulunurdu.

Gözlerinden şikâyeti ve görme bozukluğu arttığında büyük dayım onu Ankara'ya götürdü. Göz Bankasında ameliyat ettirdi. Döndüğünde sürekli kullanması için biri yakın diğeri uzak olmak üzere iki gözlüğü vardı. Dayım, bu gözlükleri sürekli kullanması gerektiğini sıkı sıkıya tembihlemiş, göz kulak olmamız için de hepimizi uyarmıştı. O günden sonra, hane halkının yeni görevi, her sabah anneannemin gözlüğünü takıp takmadığını kontrol etmek, takmamış ise bulup takmasını sağlamaktı. Bir sabah gözlükler arandı ama bulunamadı. Evde aranmadık köşe bırakılmadı, anneannem ise soruları ilkin geçiştirdi ama çok geçmeden açıklamak zorunda kaldı. Aynı mahallede oturan yoksul dul bir kadın vardı. Bir gece önce anneannemi ziyarete gelen bu kadın, kendisinin de gözlerinden şikâyeti olduğunu söyleyerek anneannemin gözlüklerini denemek için takmış ve; "Seher Abla bu gözlükler bana çok iyi geldi," demiş. Bunun üzerine anneannem, gözlüklerini kabıyla birlikte komşu kadına vermiş.

Açıklaması kısa ve netti. "Ben yenisini alabilirim ama o alamaz. Allah kabul etsin, iyi günlerde kullansın." Başka bir şey söylemedi ve konuyu bir daha açılmamak üzere kapattı. Bu olaydan sonra anneannem uzun süre gözlüksüz kaldı. Çünkü reçeteleri dayımdaydı ve o sırada dayım da yurtdışındaydı. Gözlüklerine kavuşabilmesi için dayımın dönüşü, gözlükleri alması ve Ankara'dan göndermesi beklendi.

Dedem bu yüzden, anneannem için "Doğana beşik, ölene tabut" deyimini kullanır, bu özelliği nedeniyle onunla bir yandan gurur duyarken bir yandan da şikâyet etmekten geri durmazdı.

Namazdan çıkan cemaatin de katılımıyla anneannemin cenaze namazı kılındı. Hoca, yüksek sesle, "Allah taksiratını affetsin," dedi ve "Hakkınızı helal ediyor musunuz?" diye üç kere sordu. Avludaki cemaat hep birlikte "Helal olsun, helal olsun," diye cevap verdiler. Yine dayanamadım ve ağlayarak, "O bize helal etsin, o bizi affetsin, o sizi, bizi, o hepimizi affetsin," dedim. Sesimin giderek yükselmesine engel olamadım. Herkes bana bir tuhaf baktı ve fakat çoğu bu söylediklerimden hiçbir şey anlamadı.

Heranuş, o yıl üçüncü sınıfı da başarıyla bitirmişti. Çok çabuk öğrenen ve sorumluluk sahibi bir çocuk olduğundan ev işlerinde annesine yardım etmekle kalmıyor kardeşleri ile ilgileniyor, onlarla oyunlar oynuyor, okulda öğrendiklerini onlara da öğretmeye çalışıyordu. Onun üzerine aldığı işler konusunda kimsenin gözü arkada kalmazdı.

Havaların ısındığı ekinlerin büyüdüğü günlerden bir gün, jandarma köyü bastı. Çok iyi Türkçe konuştuğu için o güne kadar vergi tahsildarlarıyla ve diğer yetkililerle köylüler adına ilişki kuran köy muhtarı Nigoros Ağa, köy meydanında toplanan köylülerin gözü önünde öldürüldü. Daha sonra, köy meydanında toplanan yetişkin erkeklerin hepsi götürüldü. Jandarma erkekleri götürürken onları ikişer ikişer birbirlerine bağladı. Heranuş'un dedeleri, iki amcası, dayısı da götürülenler arasındaydı. Bu erkeklerin Palu'ya götürüldüğü söylendi. Ancak, gittikleri yerden bir daha dönmedikleri gibi akıbetleri hakkında kesin bir bilgi edinilemedi.

Artık sadece kadınlar ve çocuklardan oluşan köy ahalisi, bütün erkeklerin, yaşlı-genç demeden dipçiklenerek, tartaklanarak toplanıp götürülmesinin dehşetini uzun süre üzerlerinden atamadılar, evlere giremediler, işlerine dönemediler, köyün meydanında toplanıp olan bitceni konuştular, ağlaştılar, bağrıştılar, ağıtlar yaktılar, yaşlılara sordular, tartıştılar. Kimse, erkeklerin nereye ve niçin götürüldüklerini, ne zaman döneceklerini bilmiyordu ancak rivayet muhtelifti.

Heranuş'un babaannesi diğerlerine, "Kaygılanmayın, her şey düzelir, gidenler geri gelir," dedi ve devamla, "Siz o zaman çocuk-

43

tunuz, çoğunuz bilmezsiniz, yirmi yıl önce de köylerimiz böyle basıldı, boşaltıldı. Hepimiz sürgün edildik," diye açıkladı.

Başka bir kadın araya girdi. "Yollarda, dağlarda çok kişi öldü, dağlara gömdük."

Babaanne devam etti:

"Aramızda ölenler oldu ama çoğumuz uzunca bir süre dağlarda yaşamayı başardık. Sonra bir gün köyümüze dönmemize izin verildi ve döndük."

"Döndüğümüzde kiliselerimiz, okullarımız, evlerimiz yıkılmıştı, yakılmıştı."

"Yıkılan, yakılan evlerimizin ve okullarımızın yeniden yapımı birkaç yılımızı aldı ama gördüğünüz gibi herbirini daha güzel daha sağlam inşa ettik," dedi babaanne. Diğer yaşlı kadınlar ona katıldıklarını başlarını sallayarak belirttiler.

Genç kadınların çoğunluğu ise, babaanne kadar iyimser değildi. Bu saldırıların yirmi yıl öncekilere benzemediğini, toplayıp götürdükleri erkeklerin bir daha dönemeyeceklerini söylüyorlardı. Heranuş, babaannesinin söylediklerinin gerçek olması, dedesi, dayısı ve amcalarının geri dönmesi için bildiği bütün duaları sessizce mırıldanıyor, götürüldükleri dağları tahmin etmeye çalışıyordu. Köyün diğer çocukları gibi, bütün dikkatini konuşulanlara veriyor, olanları ve olacakları anlamaya çalışıyordu.

Kaynanasının sözünü ettiği sürgün olayını dokuz yaşında yaşamış olan Heranuş'un annesi İsguhi de, çocukluk deneyimlerine dayanarak yaklaşan tehlikenin öncekilerden farklı olduğunu öngörmüş olmalı ki, kız kardeşlerini topladı ve onlardan saçlarını kesmelerini, yüzlerini çirkinleştirmelerini, dikkati çekmeyecek kötü elbiseler giymelerini istedi.

En küçükleri olan Siranuş dışında diğerleri, beş örgüyle topladıkları saçlarını kestiler, ablalarının diğer isteklerini de yerine getirdiler. Siranuş, saçlarını kesmeyi de kötü giyinip suratını çirkinleştirmeyi de reddetti.

Erkeklerin götürüldüğü günün akşamında, köy birtakım adamlarca basıldı. Bu adamlar, köyün güzel, genç kızlarını, kadınlarını kaçırdılar. Kaçırılanlar arasında Siranuş da vardı. Siranuş ve diğer kaçırılanlardan ertesi gün ve öbür günler haber alınamadı. Görenler, Siranuş'u kaçıranların onu örüklerinden kavrayıp ellerine doladıklarını ve böylece sürüklediklerini söylediler.

İsguhi, jandarmaların komşu köylerden bazılarını, bu arada eltisinin köyünü de basmadıklarını, bu köylerin ahalisine bir şey yapılmadığını öğrenir öğrenmez üç çocuğunu, Heranuş'u, Horen'i ve Hırayr'i yanına alıp, eltisinin köyüne gitti. Ancak, çok geçmeden jandarma bu köye de geldi ve bu kez köyün kadın-erkek bütün ahalisini toplayıp Palu'ya götürdü. Palu'ya götürülenler arasında Heranuş, annesi ve iki kardeşi de vardı.

Palu'da kadın ve erkekleri ayırdılar. Kadınları kilisenin avlusuna soktular. Erkekler dışarda kaldı. Bir süre sonra dışarıdan canhıraş çığlıklar gelmeye başladı. Kilise avlusunun duvarları yüksek olduğundan içerdeki kadınlar ve çocuklar, dışarıda olanları göremiyorlardı, ancak korkudan kocaman olmuş gözbebekleri ile bakışları buluşuyor, buluşan bakışlar birbirine öylece takılı kalıyordu. Anneler, neneler, çocuklar, birbirlerine sokulmuş titriyorlardı. Avlu, titreşen yumak yığını gibiydi.

Diğer kardeşleri ile birlikte annesinin eteğinden ayrılmayan Heranuş, bir yandan korkuyor diğer yandan merakını da yenemiyordu. Bir genç kızın dışarıyı görebilmek için ötekinin omuzuna tırmandığını görünce, onların yanına gitti. Arkadaşının omuzuna basıp duvarın üstünden dışarıya bakan kız, aşağıya indikten epey sonra, gördüklerini söyleyebildi. Bu kızın ağzından duyduklarını Heranuş ömür boyu unutmayacaktı:

"Erkeklerin boğazlarını kesiyorlar, sonra da nehre atıyorlar!"

Sesler kesildikten bir süre sonra iki kanatlı büyük kapı açıldı ve avludaki kalabalığı, iki sıra oluşturmuş jandarmalar arasından geçirip Palu dışına çıkardılar. Burada, köylerine dönmeleri için izin çıktığını, bu nedenle herkesin kendi köyüne dönmesi gerektiğini söylediler. Köye döndüklerinde, evlerinin yağmalandığını gördüler. Evleri, hiç vakit kaybetmeyen civardaki müslüman köylülerce yağmalanmış, yatak-yorganları dahi götürülmüştü.

Köye gelen kadınlar, erkeklerin yasını tutma lüksüne sahip olmadıkları gerçeğini anlayarak, aç karınlarını doyurmak için tarlalara, bahçelere koştular. Olgunlaşmış ekinlerin birkaç gün yemelerine yetecek kısmını elbirliği ile topladılar, damlarda dövüp bulgur yaptılar ve kaynatıp karınlarını doyurdular.

Bundan sonra yapacaklarını düşünmeye fırsatları olmadı. Çünkü jandarma tekrar köye geldi ve köyde kalan bütün nüfusun, yatalak kadınlar dahil olmak üzere sürgüne gönderileceğini söyledi ve hemen toplanmalarını emretti. İşte bundan sonra o uzun, acılı ölüm yürüyüşü başladı.

Çermik Hamambaşı'na geldiklerinde azalmışlardı. Küçülen kafile, orada mola verecek, ertesi gün yola devam edecekti. Küçük oğlu Hırayr'i bir bohça ile sırtına bağlayan İsguhi, yol boyu, arkalara düşmemek için adeta koşturarak yürüyor, diğer çocukları Heranuş ve Horen'i de ellerinden sımsıkı kavramış iki yanında sürüklercesine çekiştiriyordu. Yol boyunca pek çok çocuk ölmüştü ama o, çocuklarını buraya kadar sağ salim getirmeyi başarmıştı. Yorgunluktan, açlık ve susuzluktan adım atacak mecalleri kalmamıştı. Oldukları yere yığılıverdiler sonunda.

O sırada, etraflarını saran Çermikliler, ekmek ve su veriyorlar, karşılığında altın ve ziynet eşyası istiyorlardı. Oysa açlıktan avurtları çökmüş bu insanlar, bütün paralarını, altınlarını ve takılarını ölüm yolculuğunun daha ilk günlerinde yitirmişler ellerinde bir şey kalmamıştı.

Bu zavallı insanların çevresinde birikenlerin sayısı giderek artıyor, toplananların bir kısmı acıyarak bir kısmı da iğrenerek bakıyorlardı. Bir süre sonra izleyicilerden bazıları, çocukları incelemeye, gözlerine kestirdiklerini almak için yakınları ile konuşmaya başladılar.

Çermik jandarma komutanı olduğunu sonradan öğrendikleri atlı bir jandarma onbaşısı Heranuş'a, Çermik'in Karamusa köyünden Hıdır Efendi ise Horen'e talip oldular. Hırayr çok küçük olduğundan onun talibi yoktu. İsguhi, bütün yorgunluğuna ve açlığına rağmen, durumu kavrar kavramaz oturduğu yerden bir atmaca gibi fırladı ve çocuklarını arkasında sakladı. "Onları kimse benden alamaz. Onları vermem," diye öyle bir söyledi ki, bu söyleyişinde bütün dünyaya meydan okur gibi bir hali vardı. İsguhi'nin annesi Takuhi, yanlarına geldi ve İsguhi'ye çocuklarını bu adamlara vermesinin onlar hakkında daha hayırlı olacağını söyledi. Heranuş, anneannesinin annesini ikna etmek için şöyle dediğini duydu:

"Kızım, çocuklar birer birer ölüyor. Bu yürüyüşten kimse sağ çıkamayacak. Verirsen canları kurtulur, yoksa ölecekler. Hepimiz öleceğiz. Hiç değilse onlar yaşasınlar, ver."

Heranuş'un halası Zaruhi de anneannesini destekledi. O da Heranuş'un jandarma onbaşısına verilmesinden yanaydı. Bu iki kadın İsguhi'yi ikna etmek için diller döktüler ama o nuh diyor peygamber demiyordu.

Bu tartışma sürerken ansızın üstlerine atlayan adamlar, Heranuş'u ve Horen'i İsguhi'nin elinden kaptılar. İsguhi bütün gücünü toplayarak öne atıldı ancak jandarma Heranuş'u atına atmıştı bile. Son bir hamle ile ata ulaştı, bir eliyle jandarmanın ayaklarını, diğer eliyle de Heranuş'u yakaladı ve çekiştirmeye başladı.

Bu kadından kolay kolay kurtulamayacağını anlayan jandarma, kamçısını çıkardı ve İsguhi'yi kırbaçlamaya başladı. Kırbacın değdiği yerlerdeki dayanılmaz acıya rağmen İsguhi, Heranuş'u sımsıkı kavradığı elini gevşetmiyor, bütün gücüyle kızını çekiştiriyor, bir yandan da kızını bırakması için jandarmaya kâh ileniyor kâh yalvarıyordu.

O sırada, beş yaşındaki Hırayr, çığlık çığlığa ağlamaya başladı. Hırayr'e de bir kötülük yapıldığını düşünen İsguhi, bir an için başını sesin geldiği yöne çevirdi ve işte o anda jandarma atını mahmuzladı. Ok gibi öne fırlayan at, üstünde Heranuş'la birlikte uzaklaştı.

İsguhi ile Heranuş'un Çermik Hamambaşı'nda ayrılan yolları bir daha birleşmedi. Annesini ve ablasını jandarmaların öldüreceğini sanarak ağlayan beş yaşındaki Hırayr de, Heranuş'un "Hepimiz öleceğiz," diyen anneannesi ve halası da bu ölüm yürüyüşünden sağ çıkamadılar.

Dedem ağır bir kalp krizi geçirmiş, iyi bir tedavi ile bunu atlattıktan sonra, kendisinden umulmayacak kadar iyi perhiz yapmış ancak bir kış günü kalbine yenik düşmüştü. Dedemin ölümünden sonra anneannem, çocuklarının ve torunlarının ısrarı üzerine evini ve eşyasını dağıtmıştı. Artık bundan sonra çocuklarını sıra ile dolaşacak, son durağı da Gebze olacaktı. Torunlarının arasında sadece Handan'ın evinde kalır, orada çok rahat ettiğini söyler, Elazığ-Edremit-İstanbul hattında mutlaka Ankara'da Handan'ın evinde mola verir ve bu molaları mümkün olduğunca uzatırdı.

Handan çok genç yaşta evlenmiş, çoluk çocuğa karışmıştı. Ben kısa yoldan hayata atılmak ve aileme bakmak üzere öğretmen okuluna gönderilmiştim. Haluk'un üniversiteye, annemin deyimiyle "kapımızın önünde" devam edebilmesi için Ankara'ya tayinimi istedim. Böylece Ankara günlerimiz başladı. Haluk, okulu bitirinceye kadar, öğretmenlik dışında ek işlerde de çalıştım. Haluk, okulu bitirdiği yıl üniversite sınavlarına girdim ve hukuk fakültesini kazandım. Hukuk fakültesine girdiğimi öğrenen anneannem çok sevindi. Bir kez daha gözüne girmiştim. Bu arada politik görüşlerimi ve sisteme muhalif oluşumu da, benim için kaygılansa da içten içe destekliyor ve bütün bunlar sanırım bana olan güvenini artırıyordu.

Son zamanlarda anneannemin gözleri sorunluydu, görmekte zorluk çekiyordu. Ameliyat olmasına ve doktorların verdikleri şişe dibi gözlüklere rağmen görmesi düzelmiyor, günden güne de kötüleşiyordu.

Gözlerinin görmemesi, bu çalışkan, tez canlı, temiz-pak, yerinde duramayan kadın için çok büyük şanssızlıktı. Allahtan, kaldığı evler, temizliğine çok güvendiği evlerdi. Kalın camlı gözlükleri ile tuvaletin, odasının yolunu seçebiliyordu henüz. Anneannem durumunu, "Gözlerimin feri söndü," diye dile getirir olmuştu. Onunla her karşılaşmamızda elini iki elimin arasına alarak öper ve "Anneannem," derdim. O da bana "Anneannem," diye cevap verir, sonra, adımı söyler ve "Sensiiin?" diye sorardı. Bundan sonra, iki eliyle ellerimi sıkı sıkı tutan anneannemin bitmez tükenmez soruları başlardı. Hiçbir ayrıntıyı atlamaz, hiçbir şeyi unutmaz, her şeyi tek tek öğrenmek isterdi. Bütün bu konuşmaları yaparken ellerimi bırakmazdı.

Anneannemin hafızası çok güçlüydü. Elli yıl önceki olayı anlatırken, olayın geçtiği güne ait en ince ayrıntıları hatırlar her seferinde bizi şaşırtırdı. Çok da zekiydi.

Handan'a gittiğim bir gün, anneannemin, o sırada ilkokulda okuyan yeğenlerim, Evrim ve Özgür'ün odasında olduğunu öğrendim. Koridorun sonundaki odaya yürürken odadaki konuşmalar dikkatimi çekti, durdum ve dinlemeye başladım. Çocuklar bir konuyu anlatmaya çalışıyorlar, anneannem ise onların hatalarını düzeltiyor, eksik bıraktıkları kısımları hatırlatıyordu. Dinlemeye devam ettim. Sonra Handan da mutfaktan çıktı, ona susmasını işaret ettim ve birlikte dinlemeye devam ettik. Anneannem, torununun çocuklarına ders çalıştırıyordu. Önce onlar ders konusunu kitaptan okuyorlar, anneannem dinliyor, sonra kitabı kapatıp akıllarında kalanı anlatmaya çalışıyorlardı. İlk kez karşılaştığı ve bir defa dinlediği konudaki tüm ayrıntıları hatırlıyor ve çocukların hatalarını ve eksiklerini düzeltiyordu. Mükemmel oluncaya kadar da tekrar ettiriyordu.

Ankara'da bizde kaldığı bir gün, "İşin yoksa hele yanıma gel, sana bir şey söyleyeceğim," dedi. Yanına gittim, yine ellerimi iki elinin arasına aldı ve "Biliyor musun, benim annem, babam, kardeşim Amerika'da, dayın onların adreslerini kaybetti. Onları bulursan sen bulursun. Onları bana bul," dedi.

Sözlerin ağzından dökülüş biçiminden ve ses tonundaki tekdüzelikten bunları bana söyleyebilmek için çok zor karar verdiği anlaşılıyordu. Önce pek kavrayamadım, "Ne diyorsun anneanne, şimdi bizim Amerika'da akrabalarımız mı var?" diyerek biraz da söylediklerini aklımca alaya aldım. Anneannem çok ciddiydi. "Adreslerini bilmiyorum ama Amerika'da, New York'ta oturduklarını biliyorum," dedi.

"Peki anneanne niye gittiler Amerika'ya?"

"Gittiler işte."

"Ne zaman gittiler?"

"Ben çocuktum o zaman."

"Peki seni niye götürmediler?"

"Sonradan gidecektim, Mahmut Dayın aramızı bozdu. Adreslerini kaybetti."

Kafam allak bullak olmuştu. Kafama takılan birçok soruyu soruyor ama cevap olarak bu söylediklerinden fazlasını alamıyordum. Ağzından başka bir laf alabilmek için günlerce uğraştım ancak, asıl anne ve babasının Amerika'da olduğu dışında pek fazla bir şey öğrenemiyordum. Biz, anneannemle dedemi teyze çocukları olarak biliyorduk. Bu doğru değilmiş. Anneannemi de Çermikli diye biliyorduk. Bu da doğru değilmiş. O zamana kadar doğru

51

bildiklerimin çoğu yanlışmış.

Artık anneannemin ailesini bulmaktan çok gerçeği öğrenme peşindeydim. Anneannemi sürekli sıkıştırıyordum, bunu yaparken yalnız olmamıza özen gösteriyordum. Öğrendiklerimi o günlerde kimselere anlatamadım, yaşadığım sarsıntıyı kimselerle paylaşamadım. Anneannem öyle istiyor diye mi, ya da utancımdan mı bilmiyorum ama duyduklarımı ben de başkalarından gizliyor, yaşadığım bu yoğun duygu kargaşasıyla ve altüst oluşla tek başıma başa çıkmaya çalışıyordum.

Aramızda çok özel ve çok gizemli bir ilişki oluşmuştu. Sonra bir gün onun da anlatmak, bu sır perdesini aralamak, bildiklerinin ama kimseye anlatmadıklarının yükünden kurtulmak istediğini fakat o güne kadar daha fazlasını bilmemin benim için sakıncalı olacağına inandığını sezdim. Beni koruyordu.

Çok uğraştım. Sonunda anlatmaya başladı. Anlatırken sık sık duraklıyor, ısrarlı sorularım üzerine devam ediyordu. Olayları anlatıyor ancak arasına yorum katmıyor, duygu ve düşüncelerini anlatmaktan özellikle kaçınıyordu.

"Benim adım Heranuş'tu. Annem İsguhi, babam Hovannes'di, o sırada iki amcamla birlikte Amerika'daydı. İki erkek kardeşim vardı. Dedeme Hayrabed Efendi derlerdi. Yalnız bizim köyde değil bütün civar köylerde sözü dinlenen, herkesin gelip akıl danıştığı bir adamdı. Köyümüz büyüktü, üç muhtarı vardı," diyerek başladı sözlerine.

Bir gün, jandarmanın köye gelerek dedesi, amcaları, dayısı dahil bütün erkekleri götürdüğünü ve bir daha onlardan haber alamadıklarını, annesi ve kardeşleri ile yengesinin köyüne sığındıklarını ancak jandarmanın oraya da geldiğini, kadın erkek hepsini toplayıp Palu'ya götürdüklerini, erkekleri kesip nehre attıklarını, nehrin günlerce kan aktığını ve sonra sürgün yolunu anlattı.

"Annem, sürgün yolunda arka sıralara düşmemizi istemediğinden hızlı hızlı yürüyor, ona ayak uydurmamız için de ellerimizden çekiştiriyordu. Sık sık arka taraftan çığlıklar, yalvarma ve ağlama sesleri geliyordu. Arkalardan gelen her ses, geriye bakmamızı engellemek isteyen annemin biraz daha hızlanmasına neden oluyordu. Yola çıktığımız ilk günün akşamında iki teyzem, arkalardan koşarak yanımıza geldiler, hüngür hüngür ağlıyorlardı."

Anneannem burada durdu. İçini çekti. Ben onun elini öptüm. Devam etti.

"Hasta olduğu için yürüyemeyen yengemi, jandarmalar süngüyle öldürmüşler. Ölüsünü de yolun kenarına atmışlar."

"Yengen, amcanın karısı mıydı, anneanne?"

"Yok, dayımın karısıydı, hamileydi."

"Yol boyunca, yaşlılar, hastalar, yürüyemeyenler, süngülenip oracıkta, açıkta bırakıldılar. Dağ başlarında kurda kuşa yem edildiler."

Bu acı ve inanılmaz olayları anlatırken anneannemin bana bakmadığını, bakışlarını halının üzerinde bir noktaya sabitlediğini, sol eliyle elimi sıkı sıkı tutarken sağ eliyle hep aynı hareketi yaptığını fark ettim. Bacağının üst kısmında dizine doğru, elbisesini ütüler ya da eliyle düzeltir gibi bir hareketi farkında olmaksızın biteviye yineliyordu. Anlattıklarının onu çok yorduğunu düşünerek ara vermesini sağlamak istedim. Köpüklü kahveyi çok severdi. Ona, "Anneannem, kahve içer misin?" diye sordum. Beni duymadı. Eliyle aynı hareketi yapıyor, öne geriye hafif hafif sallanıyordu. Sağ elini elime aldım ve öptüm. Tekrar sordum. Bu kez duydu. "Senin kahven köpüklü olur, hadi yap," dedi.

Kahveyi yapıp döndüğümde onu, başını yukarıya doğru, bir şeyler hatırlamak istermiş gibi kaldırmış olarak buldum. Beni görünce eliyle bir an önce yanına oturmam için işaret etti. Yıllardır susan, yaşadığı inanılmaz olayları içine gömen kadın, konuşmak ve anlatabilmek için belleğini zorluyordu şimdi. Kahvesini eline verdim ve o anlatmaya devam etti:

"Maden köprüsünü geçtikten sonra Havler'de, babaannem, iki torununu suya attı. Bu çocuklar, amcalarımın kızlarıydı. Anneleri de babaları da öldürülmüştü, yürüyemiyorlardı. Çocuklardan biri hemen sulara gömüldü ama öbürü başını sudan çıkardı. Babaannem, çocuğun kafasını suyun içine itti. Çocuk kafasını bir daha çıkardı ve bu, onun dünyayı son görüşü oldu, babaannem onu tekrar itti... Sonra, kendisi de deli deli akan suya atladı ve gözden kayboldu."

Anneannem burada sustu. Bu olayın onu çok etkilediği, o gün, dönüp dönüp bu olayı birkaç kez anlatmasından belliydi. Daha sonraki yıllarda da bu olayı çok anlatacak, her anlatışı, düşünceli bir suskunlukla sona erecekti.

Anneannem, bundan sonra, Çermik Hamambaşı'nda verdikleri mola sırasında yaşananları ve anneannesine ve halasına rağmen annesinin onu vermek istemediğini ama kendisini alıp götürdüklerini anlattı.

"Beni bir bahçeye götürdüler. Burası bizim köyün bahçeleri gibi yemyeşildi. Ağaçlar meyva doluydu. Bahçenin ortasından berrak bir dere akıyordu. Bu bahçede bizim köyden benim gibi alınan sekiz kız daha vardı.

"Karnımızı sıcak yemekle doyurdular, ağaçtan meyva koparmamıza izin verdiler. Bir süre sonra ben annemi isterim diye tutturdum, anneme götürmeye söz verdiler. Diğer kızları da ailelerine teslim etme sözü verdiler. Bunun üzerine biz, bahçede oyunlar oynadık. Dalından koparıp armutlar, elmalar yedik, buz gibi sulardan içtik."

O günün akşamında, bahçedeki kızlar, birer birer alınıp ayrı evlere götürülmüşler. Jandarma onbaşısı da Heranuş'u almak için bahçeye gelmiş. Heranuş, onunla gitmek istememiş, "Annemi isterim," diye ağlamaya başlamış ve o geceyi sabaha kadar ağlayarak geçirmiş.

"Gece sabaha kadar ağladım, baktılar ki olmuyor, sabah beni alıp Hamambaşı'na götürdüler. Gittim ki, Hamambaşı bomboş, kimse yok. Annemleri götürmüşler, anladım ki, umudumu kırmak için beni sabaha kadar orada tutup şimdi getirdiler. Annemlerin Siverek'e doğru yola çıkarıldıklarını öğrendim. O günden sonra her gün Siverek dağlarına bakar, ağlardım."

Kapı çalındı, gelenler oldu. Anneannem anlatmaya ara verdi. Zaten benim de daha fazlasını dinleyecek gücüm kalmamıştı. Kendimi sokaklara atıp bağıra bağıra ağlamamak için kendimi zor tutuyordum. Bütün bunlara, eğer anlatan anneannem olmasaydı, inanamazdım.

·Öğrendiklerim, bildiklerime hiç uymuyordu. O güne kadar edindiğim bilgiler alt üst oluyor, değerlerim duyduklarımla tuz buz oluyor, içindeki korkunç karmaşa ile beynim çatırdıyor, zonkluyor, içindekiler de fışkıracak, her şeyin, herkesin üstünü kaplayacak diye bir korku kaplıyordu bedenimi.

Hayalimde canlanan birkaç görüntü açık ya da kapalı da olsa gözlerimin önünden gitmiyordu: kilise avlusunda bekleşen kalabalığın, özellikle çocukların gözbebekleri, suya atılan bebekler ve onların yaşama içgüdüsüyle sudan çıkardıkları kafaları, Heranuş' un annesinden koparılıp kaçırıldığı an... Bütün bu görüntülerin üstüne, benim öğrenciyken her bayramda şiir okuyan suretim düşüyordu.

En iyi okuyanlardan biri olduğum için öğretmenlerim her bayramda kahramanlık şiirlerini bana okuturlardı. Yüreğimden kopup gelen haykırışlarla seslendirdiğim "şanlı geçmiş" şiirleri, korkuyla açılmış çocuk gözlerine, suda kaybolan çocuk kafalarına, günlerce kan kırmızı akan nehir sularına çarpıp paramparça oluyordu.

O gece hiç uyuyamadım. Ertesi gün, bir hayalet gibi dolaştım durdum ortalıkta. Anneannemle evde yalnız kalamadık, konuşamadık.

Bu arada, anneannemin bir sözünü hatırladım. Çocukluğumuzda, mezarlıklardan çok korkar ve korkunç mezarlık ve hayalet öyküleriyle birbirimizi de korkutmaya çalışırdık. Maden'deki mezarlık piknik yaptığımız bahçelere giden yol üzerindeydi.

Mezarlıktan geçerken korktuğumuzu gören anneannem, hep şöyle söylerdi: "Ölülerden korkmayın çocuklar, onlar bir kötülük yapamazlar. Kötülük yaşayandan gelir, ölülerden değil." Acaba anneaannem bize bunları söylerken, bu anlattıklarını mı düşünüyordu? Bunu soramadım ama büyük bir olasılıkla bu yaşadıklarını kastediyordu.

Anneannemle aramızda, o günden başlayarak diğerlerinin bilmediği bir ortaklık, bir sırdaşlık oluşmuştu ve bu ortaklık, anneannem ölünceye kadar da hep böyle devam edecekti.

O ara gelen gidenimiz de çok oldu. Anneannemle tekrar konuşma olanağı bulmamız zaman aldı. Bunun böyle olması belki de iyi oldu. Aradan geçen zaman, öğrendiklerimi bir ölçüde sindirebilmeme ve yaşadığım yoğun iç çatışmayı bir ölçüde bastırabilmeme yaradı.

Anneaannemi evde yalnız yakaladığım bir gün yine ellerini ellerimin içine aldım, yumuşacık yanaklarından öptüm ve kaldığımız yerden anlatmasını istedim. Belli ki, anlatmayı o da çok istiyordu. Hiç vakit geçirmeden, hemen başladı:

"Beni, Çermik jandarma karakol komutanı, Hüseyin Onbaşı almıştı. Karısının adı Esma'ydı. Çok istemelerine rağmen bunların çocukları olmamış. Allah gani gani rahmet eylesin, toprağı bol olsun Hüseyin iyi bir adamdı. Bir binbaşı kadar hükmü vardı. Beni çocuğu yerine koydu ve bana çok iyi davrandı.

"Onun için 'yufka yürekli adamdır' derlerdi. Çermik'te yaşayan Ermenileri de öldürüp dipsiz kuyuya atmışlar. Çermik'le Çüngüş arasında, 'Düden' derler, dipsiz bir su vardı. Ermenileri, kafalarını kestikten sonra Düden'e atmışlar. Hüseyin Onbaşı, erkeklerin öldürülmesine gitmiş ama kadın ve çocukları Düden'e attıklarında gitmemiş, emirlere karşı gelmiş. Bunun için ceza gördüğünü de söylerlerdi."

Dayanamayıp araya girdim:

"Anneanne, Hüseyin Onbaşı'nın yufka yüreği, erkeklerin kafalarını kesip kuyuya atarken hiç sızlamamış mı?"

Anneannemin cevabı, biraz düşündükten sonra şöyle oldu:

"Ne bileyim?"

Bu konuda yeni bir soru sormama fırsat vermedi. Anlatmaya devam etti. Anneannemin Hüseyin Onbaşı'yı çok sevdiğini, onu sorgulamadığını, sorgulamak da istemediğini fark ettim.

"Bana 'Seher' adını verdiler. Türkçeyi kısa sürede öğrendim. Benden istediklerini yaptım.

"Ancak, Esma Hanımın yıldızı benimle barışmadı.

"Hüseyin Onbaşı kendisini baba diye çağırmamı istiyordu. Onu baba diye çağırdığımda çok seviniyor, 'Hele kızım bir daha baba söyle,' diyordu.

"Bir gün sokakta komşu çocuklardan biri babama küfretti. Çok sinirlendim, ben de aynı küfrü onun babasına ettim. Bu çocuğun annesi akşam şikâyet için eve geldi ve benim küfrettiğimi söyledi. Kadın gittikten sonra, Hüseyin Onbaşı beni yanına çağırdı. Cezalandırılma korkusuyla yanına süklüm püklüm gittim. Beni yanına çekti ve 'Hele kızım anlat bugün ne oldu?' diye sordu. Ben de, aslında önce o çocuğun benim babama küfrettiğini, bunun üzerine benim de, 'Asıl ben senin babanın...' diyerek aynı küfrü ona iade ettiğimi söyledim. Bu anlattıklarımdan çok hoşlandı. Gevrek gevrek güldükten sonra, "Aferin kızıma, hele bir daha anlat bakayım ne dedin?' dedi.

"Tekrar anlattım. O gün ve sonraki günlerde bu olayı bana defalarca anlattırdı. Her seferinde, güldükten sonra başımı okşadı ve 'Aferin kızıma,' dedi.

"Bir bayram günü, ipek kumaştan iki elbiselikle eve gelen Hüseyin Onbaşı'yı, Esma Hanım ve ben, elini öperek karşıladık. Elindeki paketi açtı ve içinden aynı ipek kumaştan kesilmiş iki elbiseliği göstererek, 'Bakın size ne aldım,' dedi.

"Esma Hanım, kocasının bana ve kendisine aynı kumaştan aldığını görünce öfkeyle, kıskançlıkla ve aynen şöyle dedi: 'Hizmetçiler, beslemeler ipekli giyerse hanımlar ne giysin?'

"İşte o zaman artık bir besleme olduğumu anladım. Hüseyin Onbaşı karısına çok kızdı, elindeki kumaşı yere fırlattı ve 'O Sultan Reşat'ın gözü körolsun ki, her olur olmazı hanım yaptı. Elin pırlanta gibi çocuklarını da onlara hizmetçi etti,' dedi. Bu sözleri söyledikten sonra evden çıktı ve o gün akşama kadar eve gelmedi."

Besleme sözü anneannemi çok derinden yaralamış. Bunu, daha sonraları benzer bir olayla birlikte pek çok kereler anlattı. O gün, ilk duyduğunda hissettiği acıyı her anlatışında yeniden yaşıyor ve şöyle devam ediyordu:

"İşte o zaman anladım ki, ben beslemeymişim. Ben, görmüş geçirmiş bir ailenin kızıydım, annemin gözbebeği, dedemin kıymetlisiydim. Demek şimdi besleme oldum, diye geceleri, için için ağladım. Hüseyin Onbaşı, bana kızıymışım gibi davransa da ben bir beslemeydim."

Anneaannem, yüzündeki acı gülümseme ile devam etti:

"Yine bir gün sokakta bir çocukla takıştık, o benim elimdeki ekmeği almaya çalışıyor bense vermek istemiyordum. O bana taş atınca gidip onu ittim, yere düştü ve ağlamaya başladı. Annesi dışarı çıktı, 'Esma Hanım, Esma Hanım, şu beslemene sahip çıksana çocukları dövüyor,' diye Esma Hanıma seslendi."

Anneannem, Esma Hanımın kendisine gerçekten besleme muamelesi yaptığını, kocasının ona düşkünlüğünü çekemediğini, bir süre sonra, anneannem serpilip gelişmeye, genç bir kız olmaya başladığında ise, bu sefer, kocasının onunla evleneceği korkusu ile onu kıskanmaya başladığını ve ona kötü davrandığını anlattı. Çocukları olmadığı için kadının hep bir kuma korkusu ile yaşadığını söyledi.

"İşte böyle kızım, bilirsin, iyiler yaşamaz, Hüseyin Onbaşı da genç yaşta öldü."

Hüseyin Onbaşı öldükten sonra, daha kötü günler yaşamıştı. Ama o, bunları tek tek anlatmak yerine sadece şunu söyledi:

"Biz Çermik'te aynı köyden aynı durumda sekiz kızdık. Kızların her biri ayrı bir evdeydi. Kadınlar bana, 'İçlerinde en şanssız olanı sensin,' derlerdi."

Karamusa Köyü'nden Hıdır Efendi tarafından alınan Horen de artık Horen değil Ahmet'ti. Çobanlık yaptığı için ona "Nahırcı Ahmet" diyorlardı. Nahırcı Ahmet, alışveriş için Çermik'teki pazara geldiği bir gün, Habablı kızlardan biri onu gördü ve tanıdı. Ona, ablasının yeni evini, ailesini ve ismini söyledi. Haber aynı hızla, Nahırcı Ahmet'in ablası Seher'e ulaştırıldı.

İki kardeş görüşmek istemişler. Ancak, Esma Hanım, anneannemin kardeşi ile görüşmesine izin vermemiş. Onu evine istememiş. Ama, engel de olamamış:

"Esma Hanım, Horen'le görüşmemizi istemedi. Onu eve sokmadı ama biz yine de görüştük. O her geldiğinde gizli gizli buluştuk, konuştuk."

O günden sonra gizli gizli buluşan iki kardeş, anneleri hakkında duydukları her bilgiyi birbirleriyle paylaşmaya başlamışlar. Onların Halep'e gönderildiklerini öğrenmişler. Sürgünlerin akıbeti hakkında sağlıklı ve kesin bilgi olmamakla birlikte birtakım söylentiler varmış. En yaygın söylentiyi anneannem aynen şöyle aktardı:

"Urfa çöllerindeyken öldürme emri kalkmış, diyorlardı. Kalanları Halep'e götürmüşler."

Kısa bir aradan sonra, teyzesiyle buluşmasını da anlattı:

"Bir gün evin önünü süpürüyordum. Bir kadın geldi bizim evin önünde durdu. Kafamı kaldırdım, ona baktım. Olduğu yere çöktü ve hüngür hüngür ağlamaya başladı. Yöredeki Kürtlerin giydiği kofik ve rengârenk giysiyle ağlayan bu kadın benim kaçırılan küçük teyzem Siranuş'tu."

Merak ve heyecanla, "Siranuş'u kim kaçırmış, nereye götürmüş, seni nasıl bulmuş?" diye arka arkaya sordum.

Anneannem, Siranuş'un kimler tarafından kaçırıldığını ve kaçırıldıktan sonra neler yaşadığını anlatmak istemedi ya da bilmiyordu. Bütün sorularımı yanıtsız bıraktı ve bu konuda sadece şunu söyledi:

"Siverekli bir Kürt'le evlenmiş, yeri rahatmış."

Teyzesiyle buluşmalarına dönerek anlatmaya devam etti. Teyzesi, onların izini sürmüş, soruşturmuş, herkesle konuşmuş, yeğeninin Çermik'te olduğunu öğrenmiş ve elini kolunu hediyelerle doldurup onu görmeye gelmiş. Teyze yeğen kapıda birbirlerine sarılmış, iki yana sallanarak sesli sesli ağlamışlar. Onlar böyle ağlaşırken Esma Hanım çıkagelmiş. Teyzeyi de, hediyeleri de eve sokmamış. Geri göndermiş.

Birden çocukluğuma ait bir misafiri hayal meyal hatırladım. Maden'deydik. Eve erkek torunu ile birlikte bir konuk geldi. Anneannemin teyzesi olduğunu söylediler. Kırmızı yanaklarını ve güzel sevimli yüzünü bugün bile hatırlıyorum. Bir de kat kat renkli, kadife giysilerini. Emin olmak için sordum:

"Maden'de, çeşmenin üstündeki evde otururken, torunu ile bize gelen..."

"Evet, dedenle evlendikten sonra, onunla çok görüştük."

Anneannemin teyzesiyle ilgili bir ayrıntıyı daha hatırladım. Bu sevimli, kırmızı yanaklı kadın, Sabahat Teyzemi oğluna istemişti. Anneannemi ikna etmek için diller döküyor ancak başarılı olamıyordu. Anneannemin yanıtı kesin, kısa ve netti. "Ben akrabaya kız vermem!"

Dedemin akrabaları da Sabahat Teyzeme talip olduklarında dedemin ısrarlarına rağmen onlara yanıtı da aynıydı. "Ben akrabaya kız vermem."

Esma Hanımın bacısı ve bacısının kocası da genç yaşta arka arkaya ölmüşler. Yeğeni Fikri, on beş yaşında annesiz, babasız, işsiz güçsüz ortalıkta kalmış. Fikri, bir işte dikiş tutturamayan, tembel, sorumsuz bir çocukmuş. Kasabanın serseri güruhuna katılmaya eğilimli bu çocuğu çekip çevireceğini düşünerek anneannemle evlendirmişler. Anneannem nüfus kayıtlarına Hüseyin ve Esma'nın çocuğu olarak geçtiğinden, işte sadece kayıtlara göre teyze çocukları olan dedemle anneannem biri on beş diğeri on altı yaşında iken evlendirilmişler.

"Mahmut Dayın dünyaya geldikten sonra deden askere gitti. Döndükten sonraki günlerden bir gün eve nefes nefese koşarak geldi, 'Sana müjdeli bir haberim var ama müjdemi isterim,' dedi. Ben, heyecan ve korkuyla 'hayırdır inşallah,' dedim. 'Baban mektup yazmış, kardeşine göndermiş. Kardeşin yarın mektubu getirecek.'

"O gece sevinçten ve heyecandan uyuyamadım. Ertesi gün Horen geldi, mektubu cebinden çıkarırken yüreğim yerinden çıkacak gibi çarptı. Mektubu, işliğinin cebinden çıkardı, okşar gibi açtı. Birlikte mektuba baktık ama bir şey anlayamadık. Mektup, eski yazıyla yazılmıştı. Hediye Hanım eski yazı biliyordu, mektubu ona okuttuk. Annemin yaşadığını, babamla buluştuklarını, babamın şimdi de bizi bulmak için Amerika'dan Halep'e geldiğini öğrendik.

"Mektubu getiren, sınırda kaçakçılık yapan bir adamdı ve babama götürmek üzere cevabımızı bekliyordu. Yeni harflerle yazdırdığımız cevabı bu adama verdik, gönderdik.

"Bize mektubu getiren adamdan öğrendiğimize göre, babam, uzun süredir Halep'teymiş. Bizi arıyormuş. Bizi bulmaları için kaçakçılarla anlaşmış.

"Bir süre sonra babamdan yeni bir mektup geldi, mektupla birlikte para da göndermişti. Bizi, Halep'e çağırıyordu.

"Günlerce yalvarıp dedeni ikna ettim, sonunda birlikte gitmeye karar verdik. Bu arada, annen de doğmuştu. Yolculuk için hazırlığa başladık.

"Hayvanları satmış, eşyaları da toplamıştık ki, ailede sözü geçen halası, dedenin aklını çeldi. 'Oğlum aklını başına topla, kızlarını alıp götürecekler seni de çocuklarınla birlikte oralarda tek başına bırakacaklar. Sakın ha sakın gitme,' diye ağzından girmiş burnundan çıkmış onu korkutmuş.

"Halası diğer akrabaları da kışkırtıp devreye sokunca deden gitmekten ve beni göndermekten vazgeçti. Bilirsin rahmetli saftı, çabuk inanırdı. Ben kaldım ama Horen gitti. Horen Halep'e kaçak olarak gitmek üzere, babamın anlaştığı adamlarla yola çıktı. Ondan ayrılırken yüreğimin son parçasını da onunla göndermiş gibi oldum.

"Aradan yıllar geçti, tam umudumu kesmiştim ki, Horen'den mektup geldi. Babamla buluşmuş ve Amerika'ya gitmişler. Mektuplaşmaya başladık. Fotoğraf gönderdiler, biz de eve fotoğrafçı getirip fotoğraf çektirdik, onlara gönderdik. Mahmut Dayının liseyi bitirdiği yıl mektupla birlikte para da gönderdiler. Parayı, benim uçakla Amerika'ya gidebilmem için göndermişlerdi. 'Hiç değilse birkaç aylığına gel, seni görelim,' diyorlardı.

"O yaz, Amerika'ya benim yerime dayın gitti. Babam, annem beni beklerken benim yerime dayınla karşılaşınca, 'Biz anneni bekliyorduk, onu niye getirmediniz?' diye hayal kırıklığıyla sitem etmişler.

"Horen ve orada doğan kız kardeşim onu çok iyi ağırlamışlar, gezdirmişler, okula orada devam etmesini istemişler. Dayın onlarla kavga etmiş, hepsiyle arayı bozmuş, döndükten sonra da, 'Adreslerini kaybettim,' dedi, benim de görüşmemi engelledi. O zamandan beri ilişkimiz koptu. Ben, isimlerini ve hangi şehirde olduklarını hatırlıyorum. Onları bu bilgilerle bulabilir misin?"

"Niye sen gitmedin, anneanne? Onlar senin gitmen için göndermişler o parayı!"

"Benim nüfus cüzdanım da pasaportum da yoktu. Çıkartmak çok zor, dediler. Bir gün dayın eve geldiğinde, 'Ben pasaportumu çıkarttım, Amerika'ya gidiyorum,' dedi. Ben de, çok istememe rağmen ben gidemiyorum, bari oğlum gitsin, dedesinin ve anneannesinin elini öpsün, dedim."

"Nüfus cüzdanı ve pasaport çıkartmak için kimseye ihtiyacın yoktu. İsteseydin sen yapardın anneanne. Neden uğraşmadın?"

"Ne bileyim?"

Anlatmak ve üzerinde tartışmak istemediği konular açıldığında, sorular sorulduğunda anneannemin cevabı hep aynı oluyordu: "Ne bileyim?" Bu cevap, aynı zamanda "Haklısın, çok istedim ama çaresizdim ne yapayım?" anlamına da geliyordu.

Yaşamı boyunca, akla hayale gelmeyecek zorluklara göğüs germiş, çocuklarının ve yakınlarının karşısına çıkan engellerle baş etmiş bu kadın, gerçek kimliği söz konusu olduğunda neden kendini bu kadar çaresiz hissediyordu? Neden ailesini ve kimliğini savunamıyor, isteklerinin arkasında duramıyordu?

Daha sonra, annemin ve teyzelerimin bu acı öyküyü, bazı ayrıntılar dışında bildiklerini fark ettim. Ancak, anneannem bana anlattığı insanlıkdışı vahim ayrıntıların çoğunu onlara anlatmamıştı. En üzücü, en acı ve kendisini en çok etkileyen anılarını benimle paylaşmıştı. Sanırım bunları biriyle paylaşmak ihtiyacına karşı koyamıyordu artık.

Daha sonra annemle konuştum ve ona dayımın aileyle ilişkiyi neden kopardığını sordum. Annem dayımdan duyduklarını şöyle anlattı:

"İki üç ay orada kaldıktan sonra geri dönmek isteyen dayına, okula orada devam etmesini söylemişler. Dayın kabul etmeyince, dedemiz sinirlenmiş ve, 'Madem gidecektin o zaman niye geldin? Bu parayı biz senin gelip burada gezip tozman için göndermedik. Bu parayla annen kendine bir ev alırdı hiç değilse,' demiş. Bu sözlere çok sinirlenen dayın, onlarla ilişkiyi koparmaya karar vermiş.

"Eğer bu anlattıkları doğruysa, dayın bu olayda haklı değil. İlk geldiğinde, 'Okulu bitirir bitirmez en kısa zamanda onların paralarını göndereceğim,' diyordu. Sonra bu söylediklerini de unuttu. Biz de çok yalvardık ama adresi vermedi, kaybettiğini söyledi. Onlara çok öfkeliydi. Bence dayın bu olayda çok bencil davrandı. Annemi hiç düşünmedi."

Anneme, gerçeği bizden saklamalarının nedenini sordum.

"Anneannen bize de anlatmazdı kızım. Biz bazı olaylardan ve başkalarından öğrendik," dedi.

"Hangi olaylardan?"

"Çocukken, mahalledeki çocuklarla bazan kavga ederdik. Kızınca bize, 'dönmenin dölü' derlerdi. Anneannen bu lafa çok kızardı. Duyunca başına hızla bir örtü örter doğru komşuların yolunu tutardı. Komşularla çok tartıştı, çok konuştu, onlarla kâh iyilikle konuştu, kâh kavga etti ve sonunda çocuklar kızınca, bize 'dönmenin dölü' demekten vazgeçtiler."

"Dönme olduğunuzu unuttular mı?"

"Unutmadılar ama sözünü de etmediler. Onlar söylemedi, biz de bir daha bu konuyu açmadık," dedi ve devamla:

"Dönmenin ne olduğunu bilmiyorduk, böylece öğrendik. Annemizin Ermeni olduğu, anne ve babasının da Amerika'ya giderken onu burada bıraktıkları söylendi bize. Ancak, bu konu aile içinde bile her açıldığında üstü kapatıldığından konuşulmaması gerektiğini de anladık ve konuşmadık."

Annem daha sonra, dayımın askeri okul macerasını anlattı:

"Dayın okumayı çok istiyordu ama deden, 'Bu kadar nüfusa ben tek başıma bakamıyorum. Okuyup da ne olacak, ben okutamam, çalışsın eve para getirsin,' diyordu. Dedenin sürekli bir işi olmadığından zar zor geçiniyorduk. Dayın bu yüzden, yatılı ve burslu olduğu için askeriyeye girmeye karar verdi. Evraklarını hazırladı, kayıt için başvurdu, çok iyi bir öğrenci olmasına rağmen onu askeri okula almadılar."

"Neden?"

"Annemin nüfus kaydında 'muhtedi' diye yazıyormuş."

"Muhtedi ne demek anne?"

"Muhtedi, 'Müslümanlığı sonradan kabul eden, dönme' demekmiş. Bu olay, annemi çok üzdü.

"Zehra Teyzenin kayınpederi, rahmetli Kazım Efendi, Maden'de nüfus müdürü iken, annemin nüfus kaydını değiştirdi. Bu değişikliği annem, kendisi için değil, çocukları başka zarar görmesin diye istedi."

Dayımı, genç sayılabilecek bir yaşta kaybettik. Öldüğünde, milletvekiliydi. Yüzeysel bazı eleştirileri olmakla birlikte, yaşamı boyunca devlet çizgisinin ve resmi ideolojinin dışına çıkmadı. Ama devleti onu, askeri okuluna kabul etmemişti.

Dayımın askeri okula alınmayışını anneanneme sorduğumda, bu olayın onu hâlâ çok olumsuz etkilediğini fark ettim. İçini çekti ve; "O, bütün sınıflarını pekiyi ile geçti, okulunu pekiyi derece ile bitirdi ama onu askeriyeye almadılar. Allah rahmet eylesin, yattığı yer nur olsun, Kazım Efendi, sonradan nüfusumu değiştirdi," demekle yetindi. Kırgınlığı devam ediyordu.

Anneannemi gömdük, üstünü ıslak ve soğuk toprakla kapattılar ve hep birlikte teyzemin evine döndük. Bütün gün gelen giden eksik olmadı. Evin her odası, mutfak ve balkonlar dahil doldu doldu boşaldı. Komşular yine yemekler yapıp getirdiler, sofraları kurdular, herkesi buyur ettiler. Yaşlı kadınlar, bir odada toplanıp, ellerinde tespihlerle "duası"nı yaptılar. Kalabalık akşama doğru birer ikişer çekildi. Gece, salona sığacak kadar azalmıştık. Salonda oturduk ve geç saatlere kadar konuştuk. Zehra Teyzemin görümcesi Methiye Abla bir ara bana dönerek, "Biliyor musun benim kaynanam da senin anneannen gibiydi," dedi. Bu sözle kaynanasının da Müslüman ailelerce, ölüm yürüyüşünden alınan Ermeni çocuklarından biri olduğunu anlatmak istiyordu. İlgilendiğimi görünce devam etti:

"Hacı'nın dedesi, (Hacı, kocasının ismiydi) o zaman, iki kız bir oğlan almış, büyütmüş. Kaynanam onlardan birisi. Yıllar sonra, kaynanam evlendikten ve oğlu koca adam olduktan sonra, bir gün bir adam gelip bunları bulmuş. Kaynanamı görmek istemiş, izin vermemişler. Adamın yanında çok para varmış. Bu paranın kaynanama miras kaldığını, ona bunu vermek için uzaklardan geldiğini söylemiş ama fayda etmemiş. Hacı parayı da almamış, adamı da kovmuş. Adam bir daha gelecek olmuş ama onu öyle bir korkutmuşlar ki, bir daha da kimse kaynanamın yakınlarına adım atamamış."

Ben dayanamayıp, "Bence asıl korkan Hacı Amcaymış," dedim. Sesli bir tepki verilmedi ama kafalar, aşağı yukarı hareket ederek sessizce onayladı. Arkasından herkes düşüncelere daldı. Uzunca bir suskunluk oldu, konuyu dağıtmamak için sordum:

"Kaynanan, oğluna, 'Sen ne karışıyorsun, bu bana miras kalan para, bu benim hakkım,' diyememiş mi?"

Methiye Abla, "Yok canım, nerdee, tabii ki hiç sesini çıkarmamış, hiçbir şey de söylememiş," dedi.

"Peki, bu kadınlar, aradan bunca yıl geçtiği ve ölüm tehdidi ortadan kalktığı halde, hâlâ niye bu kadar çok korkuyorlar? Gerçek ailelerini istemiyorlar mı, istemeye korkuyorlar mı?" dedim. Methiye Ablanın cevabı bana çok tanıdık geldi. Biraz düşündü ve sonra ellerini çaresizliğini göstermek istercesine iki yana açıp, "Valla, ne bileyim?" dedi.

Gece geç saatlere kadar önyargıları, baskı ve korku ortamını, bunlardan insanların nasıl etkilendiğini konuştuk. Methiye Abla, ağabeyiyle teyzemin aşkını ve evdeki tepkileri anlattı.

"Biz Maden'de komşuyduk, karşılıklı evlerde otururduk. Ailelerimiz de çok anlaşırlardı. Çok geçmeden, abimle teyzenin aşkı konuşulmaya başladı. Babam, hem aileyi hem de teyzeni çok seviyordu. 'Onlardan kız alacağız, Zehra, gelinim olacak,' diye seviniyordu. Ancak, annem ve ailenin geri kalanı, Zehra'yı istemiyorlardı."

Bunu söylerken Zehra Teyzeme baktım. Bir şey bahane ederek mutfağa gitti. Methiye Ablanın bu konuda anlattıklarının geri kalanını mutfakla salon arasında gidip gelerek dinledi ama sohbete katılmadı.

"Soyumuzu kirletmeyin, soyumuza bozmayın, diye bu evliliğe karşı çıkıyorlardı. Onlara göre, anneannenin de Zehra'nın da soyu bozuktu. Babam, ağırlığını koydu ve Zehra'yı istemeye gittiler. Ama bak ondan sonra ne oldu?" dedi. Meraklanmıştık, Methiye Abla gülerek devam etti:

"Aradan çok geçmeden, Hacı Amcan da benimle evlenmek istedi. Onun annesi de Ermeni'den dönmeydi. Etme bulma dünyası diye buna derler işte. 'Soyu bozuk' gelin istemeyenler, kızlarını 'soyu bozuk' birine vermek zorunda kaldılar. Zaten ben sana bir şey söyleyeyim mi, bizim oralarda 'soyu bozuk' olmayanı biraz zor bulursun, 'soyu bozuk' olmayan yoktur."

Anneannemin anlattıklarından sonra allak bullak olmuş bir kafa ile bir yandan Amerika'dakileri nasıl bulabileceğimi düşünüyor, öte yandan gerçekleri ve riyakârlığı ifşa etmenin yollarını araştırıyor, ancak çıkar bir yol bulamıyor, öğrendiklerimin altında çaresizlikle eziliyordum ki, 12 Eylül çıkageldi.

Bazı omzu kalabalıklar, sürmekte olan sürebilsin diye bu kez kendi çocuklarını kurban seçtiler. Gözü doymaz kurbanseverler, bu kez, gençliği, işkencehanelerinde sürüm sürüm süründürdüler, ama yine de içleri soğumadı.

Ülkede onbinlerce evi yakıp kavuran bu kasırgadan bizim hane de nasibini aldı. Mahpusluk, yargılamalar, kaçaklık günleri, o günlerde dayım ve annemin arka arkaya ölümü, derken aradan yıllar geçti.

Annem de dayım gibi genç sayılacak bir yaşta, elli dokuz yaşında bizi terk etti. Onun acısını çok ağır yaşadım. Eylül kasırgası nedeniyle onu uzun zamandır görememiştim ve annemi çok özlemiştim. Dayanılmaz bir özlemle kavuşacağımız günleri saymaktaydım ki, onun ölüm haberini aldım.

İkinci evlat acısına dayanmasının güç olacağını düşünerek annemin ölümünü bir süre anneannemden sakladık. Sonunda öğrendi, metin görünmeye çalışarak günlerce seccadenin üstünden kalkmadı, namaz kıldı, seccade üstünde ağladı, "kendi canını" alması için Tanrı'ya dualar etti. Bu arada, bütün karın ve sırt bölgesini zona adı verilen çok ağrılı hastalık kaplamıştı, uzunca bir süre bu zor ve sıkıntılı hastalıkla boğuştu.

Eylül fırtınasının benim için dinmeye yüz tuttuğu yıl, Ayşe ile tanıştım. Ayşe Amerika'da çalışıyor, yıllardır orada yaşıyordu. Kısa sürede dost olduk. Ona anneannemin öyküsünü anlattım, çok etkilendi. Dinlerken gözlerinin dolduğunu ve ağlamamak için kendini güç tuttuğunu fark ettim. Ona güvenebileceğimi düşünerek ondan yardım istedim. Ayşe, hiç düşünmeden kabul etti ve benden elimdeki bilgileri istedi. İsimleri verdim, Ayşe Amerika'ya döndü.

Vedalaştığımız günün ertesinden başlayarak Ayşe'den gelecek telefonu beklemeye başladım. Ayşe'nin üstlendiği işin zorluğunu kabul etmekle birlikte günler geçtikçe sabırsızlığım artıyordu. Ve çok geçmeden Ayşe aradı. Heyecandan boğulacak gibiydi, sesi, hatlar kesiliyor gibi arada tıkanıyor, sonra düzeliyordu.

Amerika'ya döndükten sonra, Gadaryan ailesinin peşine düşmüş. Çok bilinen, çok basit bir yolla, ailenin uzak bir üyesine ulaşmıştı.

"Başarısız bir-iki denemeden sonra, o zamana kadar aklıma gelmeyen, ama çok bilinen ve çok basit bir yol denemeye karar verdim. New York telefon rehberini aldım ve rehberde bulduğum ilk Gadaryan'ı aradım. Böylece ailenin orada doğmuş büyümüş yeni nesilden bir üyesini buldum. Bu uzak akraba, Heranuş'un öyküsünü hatırladığını, çocukken ailesinden duyduğunu söyledi. Ancak, sorduğum isimleri tanımıyordu. Telefonumu verdim, araştırıp beni arayacak."

Duyduklarıma inanamıyordum. Anneannemin ailesini bulmuştuk. Bir an, anneannemi arayıp Ayşe'den duyduklarımı anlatmak istedim. Sonra, vazgeçtim ve Ayşe'nin telefonunu beklemeye başladım. Anneannem o sırada Ankara'da, Handan'ın yanındaydı.

Kısa bir süre sonra, Ayşe yine aradı. Sesi titriyordu. Horen'in kızı Virginia ile birkaç kez telefonda konuşmuş:

"Biliyor musun, seninle İstanbul'da Heranuş'u konuştuğumuz gün Horen felç geçirmiş. Evde yalnız olduğundan hemen müdahale edememişler. Şu anda hastanedeymiş. Bilinci açıkmış, ablasının onu aradığını söylemişler, ağlamış. Ne büyük talihsizlik değil mi?"

"Haklısın Ayşe, insanın talihe ve kadere inanası geliyor."

"Ha, bir de unutmadan şunu söyleyeyim, Horen, kızlarının birine 'Heranuş' ismini vermiş."

Ankara'ya gittim. Anneanneme, Ayşe'yi ve Horen Dayının kızı Virginia ile konuşmalarını anlattım. Ayrıntıları uzun uzun anlattıktan sonra istemeye istemeye Horen'in felç geçirdiğini, hastanede tedavi gördüğünü söyledim.

Beni dikkatle, hiç kesmeden ve hiç tepki vermeden dinledi ama yanaklarının kızarmasına engel olamadı. Kardeşinin hastanede olduğunu öğrendiğinde ilk sorusu, onun sağlığı üzerine oldu. Planladığım bir şey değildi ama birden ağzımdan arka arkaya yalanlar döküldü:

"Horen Dayının sağlığı iyiye gidiyormuş, tedaviye çok iyi cevap vermiş. Doktorlar umutluymuş."

Ağzının içinde bir şeyler mırıldandıktan sonra,

"Benim gözlerim iyi değil, ben gidemem, söyle ona, hastaneden çıkar çıkmaz uçağa atlayıp gelsin, onu göreyim," dedi.

Ne diyeceğimi şaşırmıştım, içimden kendime küfrettim ve konuyu bir an önce değiştirmek için,

"Anneaanne, biliyor musun, kardeşin Horen, kızına kimin ismini vermiş?" dedim.

"Nereden bileyim?"

"Senin ismini vermiş anneanne; kızına Heranuş adını koymuş."

Birden yüzü aydınlandı, yüzüne geniş bir gülümseme yayıldı ve, "Demek beni unutmamışlar," dedi.

Bunu söylerken o kadar heyecanlanmıştı ki, sesi önce bir yutkunmanın ardında kaybolup sonradan zorla ortaya çıktı.

Başka bir şey sormadı, duygularını belli etmemeye çalıştı ama anneannemi ilk kez o gün şarkı-türkü mırıldanırken gördüm. Anneannem türkü söylüyordu.

Fakat o kadar ağzının içinde mırıldanıyordu ki, ezgisi de sözleri de pek anlaşılmıyordu.

Akşam üzeri Haluklar da geldi. Yeğenlerle birlikte kalabalık ve gürültülü bir topluluk oluşturmuştuk. Anneannem, o gün ve o akşam, herkese takıldı, espriler yaptı, muzip muzip güldü. Anneannemi böyle görmeye alışkın değildik, şaşırdık ama çok da mutlu olduk.

O gün ve ertesi gün, her telefon çalışında, dedemin "Seher Çavuş"u, annemin "Fırtına Hoca"sı gibi fırlayarak yerinden kalkıyor ve doğru telefona gidiyordu. Telefona herkesten önce ulaşsa da açmıyor, birinin gelip açmasını bekliyor, konuşmaları dikkatle dinleyerek karşı tarafta kimin olduğunu öğrenmeye çalışıyordu. Bu hali Handan'ın da Haluk'un da dikkatini çekmişti.

Telefon zili ile yerinden adeta fırlıyor, herkesten önce telefonun dibinde bitiyordu. Sanırım Amerika'dan telefon bekliyordu.

Anneannemin Amerika'dan beklediği telefon gelmedi. Horen Dayı hastanede vefat etmiş. Bilmediğim bir nedenden dolayı kızları da Ayşe ile ilişkiyi kesmişlerdi. Israrımıza rağmen, anneannemi aramadılar ve ilişkiyi kopardılar.

Anneanneme ne diyeceğimi bilemiyordum. Gerçi o, bu konuda bir şey sormuyor, bir şey söylemiyordu ama karşılaştığımızda yüzüme öyle bir bakıyordu ki, içimden ayaklarına kapanıp bağıra bağıra ağlamak ve beni affetmesi için yalvarmak geliyordu. İşte yine geç kalmıştım, bu gecikmenin sorumlusu bendim ve bu suçluluk duygusuyla anneannemin yüzüne bakamıyordum.

Sonunda ona gerçeği söylemenin ve onun umudunu kırmanın daha doğru olacağını düşündüm ve Horen Dayının öldüğünü, kızların da bizimle ilişki kurmak istemediğini söyledim. Hiç sesini çıkarmadan dinledi, bir şey söylemedi, ama onu bir daha türkü söylerken gören, duyan olmadı.

Bu son deneme, anneannemle aramızda bir daha konu edilmedi, kapandı. Ailesinden tanıdığı son kişiyi de kaybetmişti. Geri kalanını da sormadı. Bu konuda artık hiç konuşmadı.

Ama onu her görüşümde, ellerimi ellerinin arasına alıyor, eskilerden anlatıyor, anlatıyordu. Görüşmediğimiz dönemlerde aklına gelen bazı ayrıntıları beni görür görmez heyecanla bana naklediyor, çoğu kez anlattığını unutup tekrar tekrar aynı olayı anlatıyordu. Geçmiş olaylara ilişkin çok güçlü bir hafızası vardı, yıllar önce yaşanmış olayların en küçük ayrıntılarını bile hatırlıyordu. Yeni olayları hatırlamakta hafızası ona hep oyun ediyordu.

Çocukluğuna ait acı olaylardan birini anlattığı bir gün, "Anneaanne be, bu yapılanlar Müslümanlığa sığar mı?" diye korka korka sordum. Korkmamın sebebi, bütün bu olayları anlatırken, dinle ilgili bir şey anlatmaması, yorum yapmaması ve dindar bir Müslüman olarak Tanrı'ya ibadette kusur etmemesiydi.

Hiç düşünmeden,

"Ne Müslümanlığa sığar ne de başka dine," dedi, sonra her acı hatırayı bitirirken söylediği sözü tekrarladı: "O günler gitsin, bir daha geri gelmesin."

Durdu, düşündü ve sonra bana, Nermin Hanımın söylediklerini anlattı. Yine, yorum yapmaktan kaçınarak başka birinin anlattıklarını bana nakletmekle yetinmişti. Nermin Hanım, Handan'ın komşusuydu ve ailecek anneannemi çok severlerdi. Nermin Hanım da, annesi de dindar, beş vakit namazında insanlardı. Erzincanlıydılar ve Erzincan depreminin acılarını yaşamışlardı. Nermin Hanımın söylediklerini şöyle aktardı:

"Erzincan'da da çok Ermeni varmış. O kırım günlerinde Ermeni kadınlar giderlerken Müslümanlara demişler ki, 'Bu topraklar size yar olmayacak! Buralar size kalmayacak, bu topraklarda rahat yüzü görmeyeceksiniz!'

"Gün geçmiş devran dönmüş bir gün Erzincan depremi olmuş, depremde taş üstünde taş kalmamış. Binlerce insan ölmüş. İşte o zaman Müslümanlar birbirlerine demişler ki, 'Ermenilerin ahı tuttu.'"

Handan'ın büyük kızı, benim "pisi pisi" diye sevdiğim yeğenim, liseyi bitirir bitirmez gönlünü bir oğlana kaptırdı. Handan, bu birlikteliğe karşı çıkmıyor ama evlilik için kızının üniversiteyi bitirmesini şart koşuyordu.

Damat adayını anneannemin gözü tutmuştu, bu evliliği onaylıyordu. Handan'ı da, çocukların bir an önce evlenmesi için ikna etmeye çalışıyordu. Hemen her gün, konuyu açmak için bir bahane buluyor, evlilik tarihini soruyordu. Sonunda niyetini açık etti:

"Ölmeden toruntaht olayım."

"Toruntaht olmak", torununun torununu görmek demekti halk arasındaki yaygın inanışa göre. Torunun torununu görecek onu kucağına alacak kadar yaşayan yani toruntaht olan kişi, cennete giderdi. Torununun torununu kucağına alabilenler, bütün günahlarından arınırlardı. Bu nedenle, toruntaht olmak bir bahtiyarlıktı ve her kula nasip olmazdı. Ancak, Allahın sevdiği kulları toruntaht olabilirlerdi.

Anneannem de torununun kızından, bir an önce evlenerek kendisini toruntaht yapmasını, ona, cennete giden kapıları açmasını istiyordu. Ülgen, üniversiteyi bitirmeden evlendi.

Ülgen'in düğününde, hayli neşeliydi, ilerlemiş yaşına ve halsizliğine rağmen düğünde bulunmak istedi, düğünün baş konuğu olarak en iyi yere oturtuldu ve her şeyi büyük bir ilgiyle sonuna kadar izledi. Müzik yapan grup bir ara yerini bizimkilere, yani anneannemin torunlarına bıraktı. Torunları çalmaya ve söylemeye başladılar. Anneannemin keyfine diyecek yoktu. Mikrofon Haluk'a uzatıldığında hep birlikte, "Haluk!, Haluk!" diyerek tezahürat yaptık.

Haluk, nadir bulunur bir sese ve kulağa sahip olmasına rağmen sesini esirger kolay kolay söylemez. Bir araya gelip, çalıp söyleyip eğlendiğimiz günlerde herkesi kendisine yalvartırdı. Anneannem, Haluk'un adını duyunca, "Oy, kurban olayım, kurban olayım," diyerek alkışlamaya başladı. Anneannemin tezahüratını gören Haluk, bu kez kimseyi yalvartmadan mikrofonu aldı ve söyledi. O söylerken anneannem öylesine coştu ki, o ana kadar hiç yapmadığı bir şey yaptı, Haluk'tan söylemesi için bir türkü istedi. İstediği türkü, "Dersim" türküsüydü.

Dersim dört dağ içinde
Gülüm bardağ içinde
Dersimi hak saklasın
Bir yarım var içinde

N'oldu ağama n'oldu
Sararıp benzi soldu
Ağam burdan gideli
Bu yerler viran oldu

Dersimin altı kelek
Harput'a gidek gelek
Elin elimde olsun
Kapı kapı dilenek

Oy havar havar havar
Havar demekte ne var
Elin elimde olsun
Üç aylık yolda ne var.

Türküyü, iki yana sallanarak ve eliyle tempo tutarak dinledi ve türkü bittiğinde Haluk'u yanına çağırıp iki yanağından ikişer kez öptü.

Düğünden sonra çok beklemesi gerekmedi. Anneannem, toruntaht oldu. Handan'ın torununu kucağına aldı, Ege bebeği sevdi, fotoğrafını çektik. Çok mutlu görünüyordu.

Anneannem artık çok yaşlanmıştı. Elazığ'da Sabahat Teyzemin yanında uzunca bir süre kaldı. Bu süre boyunca onu göremedim. Zehra Teyzemin yanına geleceğini duyunca, karşılamak için havaalanına koştum. İstanbul'da bulunan bütün torunları gelmişti. Zehra Teyzemin çocukları, Ercan, Ersan ve Emrah eşleri ve çocuklarını da getirmişlerdi. Onu uçaktan tekerlekli sandalyeyle indirdiler, yorgun ve bitkin görünüyordu.

Hangi arabaya bineceği tartışma konusu bile edilmedi. Her şey anneannemin istediği gibi olmalıydı. Emrah'ın şoförlüğünü çok beğendiği için onu, Emrah'ın arabasına bindirdik. Kızları da aynı arabaya bindiler. Sonra, hep birlikte Emrah'ın arabasını takip ettik. Evin merdivenlerini Emrah'ın kucağında çıktı. Uykuda gibiydi. Kendinde olsa, Emrah'a, "Oğlum, kurban olurum, belin ağrıyacak," derdi. Bu sefer birkaç kez kuş gibi ağzını açtı ama bir şey söylemedi.

Yatağına yatırdık, elini öpmek için kendine gelmesini bekledik. Bir süre sonra kalktı. Sırayla yanına gidiyor, elini öpüyor, kendimizi tanıtmaya çalışıyorduk. Elini öpenleri öpüyor ama onları tanımıyordu. Anneannemin hatırlaması için girişilen çabalar sonuçsuz kalıyordu.

Emrah'ı tanıdı. Emrah'ın oğlu Aydın'ı sordu. Odada bulunanların çoğu, Emrah'ı tanımasıyla umutlanarak yanına tekrar gittiler ve kendilerini tanıttılar ama anneannem onları yine tanımadı.

Sonra yanına ben gittim. Her zaman yaptığım gibi onun ellerini ellerimin içine aldım ve;

"Anneannem," dedim. O da bana hep yaptığı gibi, "Anneannem," diye cevap verdi. Bu arada, yanında oturan Sabahat Teyzem kulağına eğilerek, "Anne, bak kim gelmiş?" dedi. Anneannemin cevabı kısa ve netti:

"Ben onu sesinden tanırım..."

Ağlamamak için dudaklarımı ısırdım ve başımı ellerine gömerek ellerini öptüm. O da beni öptü. Ellerimi bırakmadı ve sağlığımı, işlerimi sorduktan sonra;

"Gülçin nasıl?" diye sordu.

Gülçin, aileden biri değildi, benim arkadaşımdı. Odadakiler şaşkınlıkla birbirlerine baktılar. Çocuklarını ve torunlarını hatırlamakta zorlanan bu yaşlanmış hafızanın uzun süredir görmediği birini hatırlaması, onları şaşırtmıştı.

Gülçin'in iyi olduğu cevabını aldıktan sonra, arkasından bağrışmalara, hayret nidalarına ve kahkahalara sebep olan sorusu geldi:

"Köpeği nasıl, hâlâ yaşıyor mu?"

Sonra bana, benimle ilgili başka sorular da sordu. Ancak, bir soruyu sorup cevabını aldıktan sonra ikinci soruyu sorması biraz zaman alıyordu. Sanırım, zihnini toparlamakta hayli zorlanıyordu. Bir süre sonra da başını yastığa koyma ihtiyacı duyuyor, uzanıp biraz dinleniyordu.

Anneannemi ertesi gün ve daha sonra sık sık görmeye gittim. Onu her seferinde biraz daha kötüleşmiş buluyordum. Teyzemin söylediğine göre, tuvalet ve yemek ihtiyacı dışında artık hep uyuyordu.

"Anneannem," diye seslendiğimi duyunca, yine "Anneannem," diyerek yerinden doğruluyor, elimi tutuyor ama bir şey söyleyemiyor, çabuk yorulup tekrar yatıyordu. Onu son gördüğümde, yine yatağındaydı. Yanına gidip "Anneannem," dedim. Hemen kalktı, elimi tuttu, ama sesi çıkmadı, "Anneannem" de diyemedi, başını dik tutamadı, ellerimi bırakmadı ama yastığa düşen başını bir daha kaldıramadı.

Anneannemle bir daha hiç konuşamadık. Bana köyünü, çocukluğunu, Kiğı'da öğretmenlik yapan yakışıklı amcasını, dedesini, annesini anlatamadı. Ellerimi ellerinin içine alıp, düşüncelere dalamadı. Yüzünü yukarı kaldırdıktan ve gözlerini tavanda bir noktaya sabitledikten sonra, "O bizim avluda, yuvarlak bir şey vardı, o neydi acaba?" diye kendi kendine soramadı, sorularını cevaplayamadı.

Ölüm ilanını *Agos*'a verdim.*

*Onun adı Heranuş'du. Herabet Gadaryan'ın torunu,
Üskühi ve Ovannes Gadaryan'ın biricik kızları idi.
Palu'ya bağlı Habab köyünde dördüncü sınıfa kadar
mutlu bir çocukluk yaşadı.
Birden, "o günler gitsin bir daha gelmesin" dediği acılarla
dolu zamanlar yaşanmaya başlandı.
Heranuş tüm ailesini kaybetti ve onlarla bir daha
görüşemedi. Yeni bir ailesi, yeni bir adı oldu.
Dilini, dinini unuttu, yeni bir dili ve dini oldu, hayatı
boyunca bunlardan hiç şikâyetçi olmadı ama adını,
köyünü, anasını, babasını, dedesini ve yakınlarını hiç mi
hiç unutmadı. Bir gün onlara kavuşma, onlarla
kucaklaşma umuduyla 95 yıl yaşadı. Belki bu umutla
uzun yaşadı, bilincini son günlere kadar yitirmedi.
Heranuş nenemi geçen hafta kaybettik ve onu
sonsuzluğa uğurladık. Sağlığında bulamadığımız
yakınlarını (yakınlarımızı) bu ilan vasıtasıyla bulmayı,
acıları paylaşmayı umuyor, "o günler gitsin, bir daha
yaşanmasın" diyoruz.*

* Ölüm ilanındaki isimleri anneannemin bana söylediği şekilde kullanmıştım.

Yolum Kadıköy çarşısına düşmüşse ve bir acelem yoksa, Hasan'ın kitapçı dükkânına uğramadan edemem. Hasan'ın da çocukluğu Maden'de geçmiş. Aile büyükleri tanışır, görüşürlermiş. Biz Hasan'la İstanbul'da tanıştık, kısa sürede dost olduk. Anneannemin ölümünden sonra bir gün yine Hasan'ın dükkânına uğradım. O her zaman yaptığı gibi bana sade kahve söyledi. Ona anneannemin ölümünü anlattım. Üzüldü, başsağlığı diledi. Her zaman olduğu gibi koyu bir sohbete daldık.

Bir süre sonra bana; "Biliyor musun, ben çocukken nenemle birlikte sizin eve gelmiştik. Anneannen çörek yapmıştı. Sizde bir süre oturup, anneannenin çöreğinden yedikten sonra, aynı gün Şaşo İbrahim'in karısı Seher Teyzeyi ve Tadımlı Teyzeyi ziyaret ettik. O gün dikkatimi çeken, gittiğimiz bütün evlerde aynı çörekten ikram edilmesiydi. Diğer evlerdeki çörekler de sizde yediğimiz gibi mahlepli, üstü yumurtalı ve çörek otluydu.

"Ben, farklı ikramlar beklerken aynı çöreğin çıkarılmasıyla hayal kırıklığına uğrasam da nenem, her gittiğimiz evde çörek yedi, çay içti. Yıllar sonra bu çörek ikramıyla ziyaret ettiğimiz evlerdeki ortak özellik dikkatimi çekti. Ziyaretlerine gittiğimiz, Şaşo İbrahim'in karısı Seher Teyze Ermeni'ydi, Tadımlı Teyze ise anneannen gibi sonradan Müslümanlaştırılmıştı."

Şaşırmıştım. Hasan'a, bu ziyaretin zamanını sordum. Tam olarak hatırlamıyordu. Ama olayı çok iyi hatırlıyordu ve çöreklerle ziyaret edilen evler arasında yıllar sonra bağ kurabilmişti. Evet anneannem, severek yediğimiz yumurtalı, çörek otlu, mahlepli çöreği yapardı, konuklarına ikram ederdi ama doğrusu ben, aynı gün

Maden'deki birbiriyle benzer geçmişi yaşamış kadınların olduğu birçok evde çörek yapıldığını ve gelenlere ikram edildiğini bilmiyordum.

Biraz düşününce aklıma Ermeni komşularımız geldi. Aznif Hanım, Yıldız Hanım, Paskalya yortusunda aynı çörekten yapıp gelenlere ikram ederlerdi.

Bildiklerimizi, hatırladıklarımızı birleştirdik, sonuç ikimizi de duygulandırmış, gözlerimizi yaşartmıştı. Bu kadınlar, torunlarından, çocuklarından saklasalar da kendi aralarında sessizce bir geleneği yaşatıyorlar, kutsal günleri unutmuyorlar, komşularını ziyaret ediyorlar ve kutluyorlardı. Bunu ancak bugün anlayabiliyordum.

Bir başka buluşmamızda Hasan bana, anneanneme ve benzerlerine, halk arasında "kılıç artığı" dendiğini söyledi. Birinden söz edilirken, "O da kılıç artığıdır," dendiğini.

Kanımın donduğunu hissettim. Bu sözü daha önce duymuştum ama bunun anneannem ve benzerleri için bu kadar soğukkanlı bir biçimde kullanılması içimi yaralamıştı. Çörekli anılarla oluşan iyimserliğim yerini karamsarlığa bırakmıştı.

Aradan birkaç ay geçmişti ki, bir gün *Agos*'tan Hrant Dink aradı: "Gazeteye gelebilir misin? Amerika'dan akrabaların seni arıyorlar."

Hrant aradığında sokaktaydım, yağmur yağıyordu. Bundan sonra neler konuştuğumuzu, telefonu nasıl kapattığımı hatırlamıyorum, orada, sokak ortasında, öylece kalakaldım.

Agos'a verdiğim ölüm ilanı, Fransa'da yayımlanan *Haraç* gazetesinde, eleştirel bir yorumla birlikte haber yapılmış. Yazı, Başepiskopos Mesrob Aşçıyan'ın ilgisini çekmiş. Çünkü, Başepiskopos'un kendisi de Habab köyündenmiş. Gadaryanlar'la uzaktan akraba olan Sayın Aşçıyan, onları aramaya karar vermiş ve Margaret'i bulmuştu. Margaret, anneannemin Amerika'da doğan, hiç yüzünü görmediği kız kardeşiydi.

Agos'u arayan Margaret'in oğlu, anneannemin yeğeni Richard Bedrosyan'dı. Margaret ve Richard'la mektuplaşmaya başladık.

Margaret (Marge Teyze), mektubunda, anneleri İsguhi'nin Heranuş'tan ayrıldıktan sonra yaşadıklarının öyküsünü yazdı. Ondan öğrendiğime göre, ölüm yürüyüşünü, koca aileden sadece iki kadın sağ olarak bitirebilmiş, ölüm yürüyüşünün sona erdiği Halep'e sadece neredeyse açlıktan ölmek üzere olan iki kız kardeş varabilmişler. Bunlar, İsguhi ve kız kardeşi Diruhi'ydi. Diğerleri; yola beraber çıktıkları neneler, torunlar, kızlar, gelinler bu yürüyüşten sağ çıkamamış, cesetleri yol kenarlarında çürümeye terk edilmişti.

Yine Margaret, babası 1965 yılında öldüğünde, cüzdanında katlanmış bir kâğıt bulduğunu yazdı. Bu katlanmış ve yıllarca cüzdanında saklanmış mektup, Heranuş'tandı. Margaret, özenle sakladığı bu mektubun bir kopyasını bana gönderdi. Ben de ailenin Amerika'daki ve buradaki üyelerini Heranuş nenemin mezarında buluşmak üzere davet ettim.

Ege bebek, toruntaht yaptığı büyük anneanneyi hiç tanımadan büyüdü. Kendi anneannesi bir gün uyutmaya çalışırken ona "Pizez Bacı"yı anlattı. Bu masalın büyük büyükannenin masalı olduğunu da söyledi. Başka şehirlerde yaşadıklarından anneannesi ve Ege bir yıl görüşmediler. Bir yıl sonra görüştüklerinde Ege, yine masal istedi.

"Hangi masalı istersin, hangisini anlatayım sana?" diye sordu anneannesi.

Ege bebek tereddütsüz yanıtladı:

"Pizez Bacı'yı anlat bana anneanneciğim."

Büyük ağabeyleri Boğos ve Stepan'ın ardından Hovannes, 1910 yılında Bremen'den bindiği gemi ile Amerika'ya doğru yola çıktı. Ancak, Amerika'ya giremedi. Onu sınırdan çevirdiler. Bu başarısız teşebbüsün ardından Hovannes Kanada yolu ile Amerika'ya girmeyi denedi ve bu kez başardı. Üç kardeş, New York'ta açtıkları bakkal dükkânında çalışıyorlardı. Hovannes daha sonra 10. Cadde'de kendine ait bir bakkal dükkânı açtı. Gece gündüz demeden çalışıyor, para biriktiriyordu. Çok geçmeden kötü haber geldi. Bıraktıkları topraklarda Ermeni kalmadığından, köylerinden sürgün edilen Ermenilerden çok azının Halep'e, Der Zor'a ulaşabildiğinden, Ermenilerin çoğunun çoluk çocuk, yaşlı genç demeden öldürüldüklerinden söz ediliyor, sağ kalanların açlık ve bakımsızlıktan ölmemeleri için yardım kampanyaları düzenleniyordu. Deliye dönmüşlerdi. Çalmadık kapı bırakmamışlar ancak ailelerinden haber alamamışlardı. Bir süre sonra Kızılhaç, hayatta kalanların listelerini yayınlamaya başladı. Bu kez Kızılhaç'ın kapısını aşındırmaya başladılar. Sonra bir gün Hovannes karısının hayatta olduğunu ve Suriye'de bulunduğunu öğrendi. İsguhi ile Hovannes ancak 1920 yılında buluşabildiler. Birbirlerine sarılıp ağlaştılar, çocukları ile ölen yakınlarının yasını tuttular.

1928 yılında, Heranuş ile Horen'in hayatta olduklarını öğrenir öğrenmez Hovannes Halep'e gitti. Sınırdan giriş çıkış yapan kaçakçılara yüklü miktarlarda paralar ödeyerek onlardan çocuklarını bulmalarını ve getirmelerini istedi. Günlerce, aylarca gidenlerin yolunu gözledi. Sonunda Horen'le buluştu. Kaçakçılar ona Horen'i

83

getirdiklerinde ilk işi Horen'den gömleğini çıkarmasını istemek oldu. Horen gömleğini çıkardı. Sol göğsü ile sol omzundaki yanık izini gören Hovannes, oğluna sarıldı ve uzun uzun ağladı. İsguhi ile Hovannes'in Amerika'da biri kız biri oğlan iki çocukları daha oldu: Harold ve Margaret.

Margaret, okul çağına geldiğinde, onu hafta sonları eğitim veren Ermeni okuluna gönderdiler. İlk günün bitiminde nefes nefese koşarak eve geldi ve annesine o gün okulda öğrendiği Ermenice şarkıyı söylemeye başladı. Övgü bekleyen Margaret annesinin ağladığını görünce çok şaşırdı. Şarkıyı bitiremedi. Çünkü annesi olduğu yere çökmüş ve hıçkırıklara boğulmuştu. Küçük kızının ürktüğünü ve sustuğunu gören İsguhi, hıçkırıklar arasında ona ağlamasının sebebini söyledi. Margaret'in okula gittiği gün öğrendiği şarkı, Heranuş'un en sevdiği ve en çok söylediği şarkıydı.

Hovannes 1965 yılında öldüğünde seksen altı yaşındaydı. Margaret, babasının sol göğsünün üstünde taşıdığı cüzdanının içinde dörde katlanmış ve yıpranmış bir kâğıt buldu. Yırtılmasından korkarak özenle açtığı bu kâğıt parçasının iki yüzüne de yazılmış Ermenice bir mektup olduğunu gördü. Bu mektup, yıllar önce, okula başlayan Heranuş ile Maryam'ın babaları ve amcalarına yazdıkları mektuptu. Kâğıdın bir yüzüne Heranuş, diğer yüzüne de Maryam yazmıştı. Artık iyice yıpranan mektubu Margaret sakladı.

Margaret, gözlerinden rahatsızdı. Göz ameliyatı için hazırlandığı günlerden bir gün, Başepiskopos Mesrob Aşçıyan onu aradı. Heranuş'un ölümünü ve *Agos*'ta çıkan ilanı ondan öğrendi. Hemen çocuklarını aradı. Richard, Nancy ve Debra, gazeteye ilan veren torunu bulmak için harekete geçtiler.

Heranuş Gadaryan
(1905-2000)

**Hovannes vefat ettiğinde cüzdanında bulunan mektup.
Mektubun bir yüzüne Heranuş, diğer yüzüne amcasının kızı
Maryam yazmıştı.**

Sevgili babam, saygıdeğer amcalarım,
Bizler de güçsüz kalemimizle iki satır bir şeyler yazmak
istedik, sevineceğinizi bilerek.
Umarız iyisinizdir, bunu arzu eder ve dua ederiz ki hep iyi
olasınız. Biz de düzenli bir şekilde okula gidiyoruz ve görgülü
evlatlar olmak için çok çalışıyoruz.
Horen, Hırayr, Jirayr, Maryam ve ben ellerinizden öperiz.
Anna sizi çok özlüyor ve size öpücükler yolluyor.

Heranuş Gadaryan

Sevgili babam ve sayın amcam,

Birkaç satır bir şey yazmak istiyorum böylece belki sizleri sevindirmiş oluruz.

İyiliğiniz için dua ediyoruz ki biz de iyi olalım. Saygıdeğer sevgililer biz de şimdilik okuldan geri kalmıyoruz ve çalışıyoruz.

Merak etmeyin. Fakat her zaman mektup yazmanızı rica ediyoruz. Ohan Ahpar'ın ve Hrant Ahpar'ın yazmasını da çok arzu ediyoruz, fakat yazmıyorlar.

Ellerinizi öperim. Horen, Hırayr, Jirayr, Nektar, Anna da ayrıca selam eder.

Maryam Gadaryan

1928 yılında Hovannes Horen'le Halep'te buluştu. Horen Ermeniceyi tamamen unutmuştu. Babasıyla Amerika'ya gitmek istemedi. Hovannes oğlunu ikna etmek için köstekli saatini ona hediye etti. Önce Marsilya'ya gittiler. Bu fotoğraf Marsilya'da çekildi. Horen sol başta ayakta. Köstekli saati ile. Hovannes ise sol başta oturuyor.

Marsilya'da bir sabah uyandığında Hovannes Horen'in yatağında olmadığını fark etti. Telaşla otelin lobisine indi. Horen'i orada da bulamadı. Korkuyla sokağa fırladı ve Horen'i köşe başındaki dondurmacıda buldu. Horen, babasının ona verdiği parayla ilk dondurmasını yiyordu.

Horen, Amerika'ya gidince ablası Heranuş'a mektup yazdı. Mektubun içinden Heranuş'a göndermek için çektirdikleri bu fotoğraf çıktı. Ayakta sol başta İsguhi, ortada Horen, oturanlar, Hovannes ve kardeşi Hrant.

Eve fotoğrafçı çağırıldı. Anneannem ve dedem
çocukları ile fotoğraf çektirdiler. Bu fotoğraf, Horen'in
mektubuna yanıt olarak yazılan mektubun içine konarak
Amerika'ya gönderildi. Fotoğrafın altına, dayım
anneannemin ağzından yazdı: "Kardeşime ailece
hatıramız 5 / 9 / 1949 Seher."

Hovannes ile İsguhi'nin Amerika'da iki çocukları daha oldu: Margaret ile Harold. Margaret, Edward Bedrosyan'la evlendi. Bu fotoğraf, 1940'lı yılların sonlarında çekildi. Edward Bedrosyan sağ başta ayakta.

Dedemin anneanneme vermekle övündüğü "dünya güzeli üç kızı". Soldan sağa: Sabahat Teyzem, Zehra Teyzem ve annem Vehbiye. Fotoğraf 1957 yılına ait.

Anneannem fotoğraf çektirmeyi hiç sevmezdi. Onu bir fotoğraf karesine dahil etmek için epey uğraşırdık. Bu fotoğraf çekilirken bir de dedemle uğraşmıştık. Çünkü onun da o gün bütün huysuzluğu üstündeydi. Soldan sağa: Kardeşim Haluk, Sabahat Teyzem, ben, annem Vehbiye ve kardeşim Handan. Fotoğraf 1965 yılının ilk aylarında çekildi.

1950'lerde İsguhi Gadaryan (solda) ve kız kardeşi Diruhi. Bu fotoğraf, Richard'ın bana gönderdiği ilk fotoğraflar arasındaydı. Richard, fotoğrafın altına şöyle bir not düşmüştü: "İsguhi'nin ailesinde tek sağ kalanlar ve Halep'e varabilenler. İsguhi en büyükleriydi. Annem onun akıllı özdeyişlerini hâlâ söyler."

Hovannes Gadaryan 1953 yılında torunu Nancy ile.

Anneannem kendisini toruntaht yapacak torununun nişanında ona bilezik takıyor. Bileziğin kola oturup oturmadığını da elleriyle iyice kontrol ediyor.

Handan'ın kızı Ülgen'in bebeği Ege. Anneannem torununun torununu kucağına aldı ve toruntaht olmanın huzurunu yaşadı.

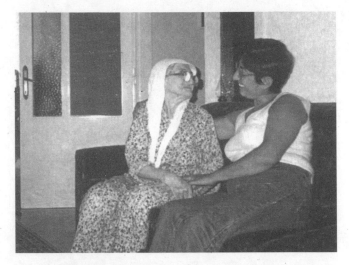

Ellerini ellerimin içine alır ve "Anneannem," derdim.
O da bana "Anneannem," diye cevap verir, sonra
sohbete başlardık.

VEFAT

Onun adı Heranuş'du. Herabet Gadaryan'ın torunu,
Üskühi ve Ovannes Gadaryan'ın biricik kızları idi.
Palu'ya bağlı Habab köyünde dördüncü sınıfa kadar
mutlu bir çocukluk yaşadı.
Birden "o günler gitsin bir daha gelmesin" dediği acılarla
dolu zamanlar yaşanmaya başlandı.
Heranuş tüm ailesini kaybetti ve onlarla bir daha
görüşemedi. Yeni bir ailesi, yeni bir adı oldu.
Dilini, dinini unuttu, yeni bir dili ve dini oldu, hayatı
boyunca bunlardan hiç şikayetçi olmadı ama adını,
köyünü, anasını, babasını, dedesini ve yakınlarını hiç mi
hiç unutmadı. Bir gün onlara kavuşma, onlarla
kucaklaşma umuduyla 95 yıl yaşadı. Belki bu umutla
uzun yaşadı, bilincini son günlere kadar yitirmedi.
Heranuş nenemi geçen hafta kaybettik ve onu
sonsuzluğa uğurladık. Sağlığında bulamadığımız
yakınlarını (yakınlarımızı) bu ilan vasıtasıyla bulmayı,
acıları paylaşmayı umuyor, "o günler gitsin, bir daha
yaşanmasın" diyoruz.

Torunu Fethiye Çetin

Anneannemin ölüm ilanı. 11 Şubat 2000, *Agos* gazetesi.

Haraç gazetesinin 24 Mayıs 2000 tarihli sayısında yayımlanan Başepiskopos Mesrob Aşçıyan'ın yazısı 9 Haziran 2000 tarihli *Agos*'ta özet olarak yayımlandı.

Aileyi Mesrob Aşçıyan buluşturdu. Mesrob Aşçıyan *Haraç* gazetesinde yayımlanan, bir nüshasını da Margaret'e gönderdiği yazının bir yerinde şöyle diyor: "... Tanrım, bu ne acı yazgıydı? Biz burada Richard olmuşuz; Deborah olmuşuz. Nancy, Sylvia olmuşuz, Virginia olmuşuz. O da orada kalmış, Fethiye olmuş, Mahmut olmuş ve 1915 yılı bir kez daha tüm korkunçluğu ile çökmüştü ailemizin tepesine..."

Aşçıyan'ın Türkiye'ye geleceğini duydum. *Agos*'un emektarlarından Serkis Seropyan'dan geldiğinde beni haberdar etmesini rica ettim ve beklemeye başladım. Ancak onunla tanışamadım. Ona minnet duygularımı ve teşekkürlerimi iletemedim. Geçtiğimiz yıl vefat ettiğini duydum. Anısı önünde saygıyla eğiliyor, teşekkürlerimi sunuyorum.

SAHİBİ AGOS Yayıncılık Basım Hizmetleri San. ve Tic. LTD. ŞTI. SORUMLU YAZI İŞLERİ MÜDÜRÜ Dicran Bakkal ● GENEL YAYIN YÖNETMENİ Hrant Dink ● YAYIN KURULU (yakos@agos.com.tr) Aksel Çölerit, Dicran Bakkal, Harut Özer, Harutyun Şeşetyan, Hrant Dink, Karin Karakaşlı, Luiz Bakar, Sarkis Seropyan, Sayven Ateşoğlu, Sarkis Tümoğlu ● ABD TEMSİLCİSİ Talar Şişeliyan ● FRANSA TEMSİLCİSİ Rafi A. Hermonn ● GÖRSEL TASARIM VE SAYFA DÜZENİ Umit Alakuş, Roben Ağba, Vida Mermer ● İDARE YERİ Hoboliyangir Caddesi Sebat Apt. No 102. Kat 3, Daire 8 Pangaltı 80220 İstanbul Faks 296.25.64 - 231.56.94 - 219.56.80 Tel. (212) 247.55.94 ● HTTP www.agos.com.tr ● e-posta agos@agos.com.tr agos@turk.net ● ABONE MERKEZİ hobur@agos.com.tr ● REKLAM VE ABONE HİZMETLERİ Tufan Çorlam (tc@agos.com.tr) ● BASKI Dünya Yayıncılık A.Ş. ● ABONE KOŞULLARI Yurtiçi ayrı 34.500.000.- TL 1 yılı 24.000.000.- TL - Avrupa ülkeleri 6 aylık 70 $ - 1 yıllık 140 $ - ABD Avustralya 6 aylık 90 $ - 1 yıllık 180 $ ● ABONELİK İÇİN, abone bedelini Garanti Bankası Osmanbey Şubesi X207258 no'lu AGOS Yayıncılık hesabına yatırımları ve fatura ta makbuzunuzu göndermeniz yeterlidir.

Dağ dağa
kavuşmaz,
insan insana
kavuşur
Atasözü

AGOS'un ilanını okuyunca asırlık dayıma sordum, "Sen bir Heranuş Gadaryan anımsıyor musun?", başladı anlatmaya

Bir dilim tatlı yürek...

Harut gönderilen 24 Mayıs tarihli ...yonda, Antilias ...nin vukuu bizdeki hüzün... Başpiskopos Mesrob Aşçı... imzasıyla genç bir avukat yazısında Agos'un yan... konularını de Hrabil kö... olduğunu ve Çetin'le ... dair tutduğunu belirtiyordu.

Başpiskopos Aşçıyan yaz... Herez'le bu süreden son... olduğunu de sorgula... deyimin nasıl düşüncel... dikkat çekiyor.

Mesrob Aşçıyan

Pisikliya'nın son birkaç gününü geçirmek için Sevilla'da bulunuyoruz; Nereden ner... yorum. Ve işte şimdi de bu ... tarları kaleme alıyorum Fethiye Çetin için.

Heranuş kim?

Kim bu Fethiye Çetin? Anlatayım: Geçenlerde, Paris'teki "Harac" gazetesinde, İstanbul'daki Türkçe-Ermenice "AGOS" gazetesinden yapılan bir alıntı vardı. Bir süre ulaşmasoylu ve ..... bir adı geçen kadın tıp vukkanının Heranuş'tan söz edilebileceğini. Heranuş, Hayrabed Gadaryan'ın torunuymuş. Bu Türk kadınının uzun gün müşahede ..... , Pulu'nun Babalı köyünden Hovhannes ve hayatlı Gadaryan'ların kızıydı. Daha sonra, anlatımına göre, ileriden dindünce anne öğrenci iken...

... ve pelteve oğlu Mahmuroğl pe derdiğini anlatıyor. "Mahmur geldi, mışk New York'daki ... tten insan ve sırada ulaşt çok etrafıydı. Kendisini gö mek İstemiyorlardı, ben ... nuçları Mahmuroğlu olarak l nüşünle birlikte Osuvu'la götü ... dün ki anıttekisinin kunu d alır." Riskli mi demedi mi, I rumşş'un akrabaları Mi mut'u akrabalar olarak tal etinlere ... , bilmiyorum. Anc aileye sarpyorum ki Mahm... nir aden sonra İstanbul'a dü di, Se büyük bir Pulümalle hüya Çetin de bu Mahmu... kundur. Artık onunu Allah bil

İşte senin öykün

Fethiye Çetin'i işte senin ...

Fethiye Çetin AGOS'a verdiği bir ilanla aslen Ermeni olan ninesinin akrabalarını Amerika'da buldu

Buruk bir sevinç...

İstanbul Barosu avukatlarından Fethiye Çetin Şubat ayında AGOS'a verdiği bir vefat ilanı sayesinde yıllardır aradığı akrabalarının izini buldu. Gazetemize elektronik posta aracılığıyla ulaşarak Fethiye Çetin'in verdiği bilgileri doğrulayan Richard Bedrosyan, ölen yaşlı ninenin kendi annesi Markrid'in kızkardeşi olduğunu bildirdi ve Fethiye Çetin ile gazetemiz aracılığıyla bağlantı kurdu.

Bu gelişme üzerine buruk sevincini gazetemiz çalışanlarıyla paylaşan Çetin, duygularını şöyle dile getirdi: "Ninemin sağlığında da akrabalarının izni bulmak için çok gayret sarfettim, ancak biraz yol aldığım halde bir türlü sonuca ulaşamadım. Şimdi benimle bağlantı kurmalarına ise elbette çok sevindim. Ama benimkisi biraz buruk bir sevinç. Keşke çok sevgili ninem Heranuş (Fethiye) de bunu görebilseydi."

İlanın yankısı

Fransa'da Ermenice yayın yapan Haraç gazetesi, sözkonusu ilanı gazetemizden alıntılayarak haber yapmış, ardından menfi bir yorumda bulunarak, Fethiye Çetin'in girişimini küçümseyen bir tavır almıştı. 18 Şubat tarihli gazetede

Avukat Fethiye Çetin şimdilerde buruk bir sevinç yaşıyor

Bir dilim tatlı yürek

Fransa'da yayımlanan Haraç gazetesinde Başepiskopos Mesrob Aşçıyan imzasıyla Fethiye Çetin için kaleme alınan makalenin özet çevirisi.

YAZISI 12. SAYFADA

DEVAMI 11. SAYFADA

Marge Teyzenin 80. sürpriz doğum günü partisi,
benim gidişimden yaklaşık bir hafta önceydi. Çocukları
Richard, Nancy ve Debra, beni davet ettiklerini ilk
olarak bu partide bütün davetliler önünde açıkladılar
annelerine.

Richard'la yıllardır tanışıyormuş gibi hasretle
kucaklaştık ve dakikalarca sesli sesli ağlaştık.

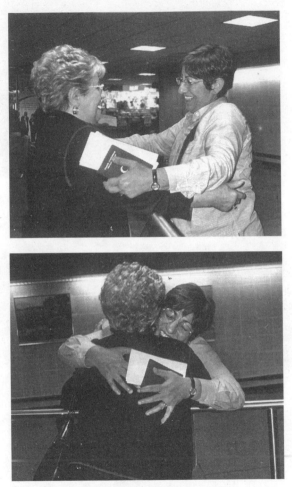

Marge Teyze ile havaalanında karşılaşma.

"Marge Teyze, onu sana getiremedim. Seni ona götüremedim. Ama elleriyle ördüğü banyo lifini ve kokusunu taşıyan ipek oyalı yazmasını getirdim sana."

Ablasının hatırası lifi ve yazmayı okşuyor, açıyor, inceliyor sonra katlıyor, ama tekrar açıp tekrar bakıyor, tekrar okşuyordu. Bütün bunları yaparken de yüksek sesle inliyordu. Sessizce uzaklaştık ve onu ablasıyla baş başa bıraktık.

FOR THERE IS HOPE OF A TREE,
if it be cut down,
that it will sprout again,
and the tender branch thereof
will not cease. (Job 14:7)

Զի զյոյս ծառոյ ասորէն.
զի թէպէտ եւ հատցի
սիւութացան ծաղկեցէ եւ
շառաւիղ հոտոյ իր
պաղատատայգի (Յովբ 14.7)

In Loving Memory of
Heranoush Gadarian
10 Trees
have been planted by
Nancy Bedrosian

To commemorate the 1700th Anniversary
of the Proclamation of Christianity in Armenia.

Armenia Tree Project
Armenian Assembly of America
ꝏꙊꙊ
2000

**Nancy, teyzesi için ağaç kampanyasına katıldı ve
Heranuş'un anısına 10 ağaç diktirdi.**

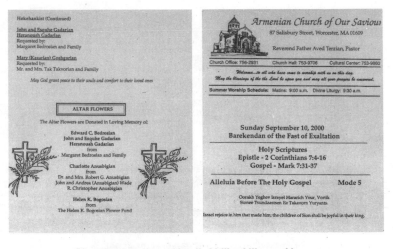

Hokehankist (Continued)

John and Easuhe Gadarian
Heranoush Gadarian
Requested by:
Margaret Bedrosian and Family

Mary (Kazarian) Goshgarian
Requested by:
Mr. and Mrs. Tak Takvorian and Family

May God grant peace to their souls and comfort to their loved ones

ALTAR FLOWERS

The Altar Flowers are Donated in Loving Memory of:

Edward C. Bedrosian
John and Easuhe Gadarian
Heranoush Gadarian
from
Margaret Bedrosian and Family

Charlotte Anusbigian
from
Dr. and Mrs. Robert G. Anusbigian
John and Andrea (Anusbigian) Wade
R. Christopher Anusbigian

Helen K. Bogosian
from
The Helen K. Bogosian Flower Fund

Armenian Church of Our Saviour
87 Salisbury Street, Worcester, MA 01609

Reverend Father Aved Terzian, Pastor

Church Office: 756-2931 | Church Hall: 753-9706 | Cultural Center: 753-9860

Welcome...to all who have come to worship with us on this day.
May the blessings of the the Lord be upon you and may all your prayers be answered.

Summer Worship Schedule: Matins: 9:00 a.m. Divine Liturgy: 9:30 a.m.

Sunday September 10, 2000
Barekendan of the Fast of Exaltation

Holy Scriptures
Epistle - 2 Corinthians 7:4-16
Gospel - Mark 7:31-37

Alleluia Before The Holy Gospel | Mode 5

Oorakh Yeghev Israyel Hararich Your, Vortik
Sionee Tsundzastsen Ee Takavorn Yuryants.

Israel rejoice in him that made him; the children of Sion shall be joyful in their king.

**Margaret, her yıl çocukları ile birlikte kiliseye gider,
eşi ve anne babası için dua ederdi. O yıl Heranuş'un
anısına da dua yapıldı.**

İlişki kuruldu, mektuplaşma başladı. Fotoğraflar gönderildi. Çevirileri Ayşe yapıyordu. Margaret çocukları, çocuklarının eşleri ve torunları ile kilisede eşi, babası, annesi ile birlikte Heranuş için de dua etti. Nancy, teyzesinin anısına Ermenistan'da on ağaç diktirdi. Bu arada Margaret göz ameliyatı oldu. Gözündeki rahatsızlık için doktorların koyduğu teşhis, yüzünü hiç görmediği ablasıyla aynıydı. Ameliyat başarılı olamadı. Tekrar ameliyat oldu. Astımı, kireçlenmeleri artıyordu. Seksen yaşına gelmişti ve ablasının mezarına gitmek için yapmak istediği uzun yolculuğa doktorlar izin vermiyorlardı. Çocuklarına, "Ben artık Heranuş'un mezarına gidemem. Fethiye'yi de göremeden öleceğim," diye dert yanıyordu. Richard, Nancy ve Debra, ona sekseninci doğum gününde bir sürpriz yapmaya karar verdiler.

Ayşe beni aradığında yine heyecandan sesi titriyordu. "Margaret'in sekseninci doğum günü hediyesi olmak ister misin?"

Richard, Nancy ve Debra annelerine sekseninci doğum günü sürprizi olarak beni davet ediyorlardı.

New York JFK havaalanında buluştuk. Buluşmamızda yoğun duygusal anlar yaşadık. Richard'la birbirimize doğru yürürken – bu yürüme, yürümeden çok koşmaya benziyordu– ağlamaya başladık. Dakikalarca sarmaş dolaş sesli sesli ağlaştık. Margaret'e son anda söylemişler. Hastaneden yeni çıkmasına rağmen karşılamaya gelmiş, beş saat araba yolculuğundan sonra saatlerce havaalanında beklemişti. Ayşe, New York'a uçakla altı saat uzakta yaşıyor. Onu da davet etmişlerdi. Ayşe, Margaret, Richard ve Richard'ın eşi Beth'in içinde bulunduğu bu küçük grubumuzun karşılaşması, çevrede hatırı sayılır bir ilgi uyandırmış olmalı ki, etrafımızda bizi ilgiyle, şaşkınlıkla izleyen bir kalabalığın oluştuğunu neden sonra fark edebildik.

Davet edildiğim günden havaalanındaki karşılaşmamıza kadar tedirgin ve endişeliydim. Aynı aileden gelsek de farklı coğrafyalarda yaşamış, farklı dil ve kültürleri paylaşmış insanlardık. Acaba karşılaşmamız nasıl olacaktı, birbirimize ısınacak mıydık, birbirimizi anlayabilecek miydik gibi sorular sürekli kafamı meşgul ediyordu. Uçakta bir saniye bile gözümü kırpmadım. Pasaport kontrolünden ve gümrükten geçip dışarıya çıkarken sırılsıklam terlediğimi fark ettim. Özellikle ensemden aşağıya terler boşalıyordu. Ancak Ayşe'nin de orada olacağını düşünerek kendimi biraz rahatlatmaya çalıştım. Onu bir kurtarıcı gibi görüyordum. Kapıdan çıkar çıkmaz sol tarafta, demir parmaklığın dışında sıcacık bir ses duydum. Bu bir kadın sesiydi ve adımı sesleniyordu. Kafamı çevirdiğimde sesi kadar sıcacık gülümsemesiyle bana yaklaşan kişinin Beth olduğunu fark ettim. Birbirimizi fotoğraflardan tanımıştık. Kapıdan çıkanlarla yolcu bekleyenleri ayıran bölmeyi aşmayı dahi bekleyemeden birbirimize sarıldık. Hemen yanında Marge Teyze belirdi. Sarılıp ağlaşırken ensemi tuttu ve "Bu bizim ailenin genetik özelliğidir. Bu ailenin kafasının arkası terler," dedi. Kahkahalar hıçkırıklarımıza karıştı ve ben o andan itibaren içimi kemiren endişelerin tümünden kurtuldum, rahatladım.

Aynı gün, anneannemin anne ve babasının mezarlarını ziyaret için New Jersey'e gittik. Çiçek almak istediğimi söyledim. Akşam olmak üzereydi. Çiçekçilerin çoğu kapanmıştı. Bulabildiklerim arasında en iyileri pembe güllerdi. İki demet gül aldım. Hovannes ve İsguhi'yi aynı mezara gömmüşlerdi. Mezarın başucundaki plaketin yanına gülleri koyarken onlardan, anneannemden ve hepsinden kendim adına ve onlara bu inanılmaz acıları yaşatanlar adına bağışlanmayı diledim.

Marge Teyze de ablası gibi yemek pişirmeyi, ikramı ve sohbeti çok seviyor. Orada bulunduğumuz sürede tıka basa yedik, saatlerce konuştuk, her fırsatta birbirimize sarıldık ve ağlaştık. Marge Teyze, sık sık bir eliyle ellerimi tutarken öbür eliyle yukarıyı göstererek "O bizi görüyor ve inan ki mutlu," diyerek beni teselli etmeye çalışıyordu.

Anneannemin ipek iğne oyalı yazması ile kendi elleriyle ördüğü banyo lifini Marge Teyzeye verdim. Lifi ve yazmayı incitmekten korkuyormuş gibi aldı, okşadı. Bir yazmayı bir lifi açıyor, okşuyor, sonra dikkatle katlıyor ama arkasından tekrar açıp okşuyordu. Bunları yaparken de yüksek sesle inliyordu. Richard, Beth, Nancy, Debra, Debra'nın eşi Michael, Ayşe, hepimiz oradaydık. Sanki önceden sözleşmişiz gibi onu uzunca bir süre ablasıyla baş başa bıraktık ve salonun uzak köşelerine sinip oralarda ağlaştık.

Marge Teyzeye soracağım ne çok soru vardı. Unutmamak için gece notlar alıyor ve bulduğum her fırsatta onu soru yağmuruna tutuyordum. Orada bulunduğumuz sürede en çok yorulan Ayşe oldu. Çünkü Ayşe sürekli çeviri yapıyordu. Sorular sadece benden gelmiyordu, Marge Teyzenin de kuzenlerimin de benden öğrenmek istedikleri çok şey vardı. Zavallı Ayşe, bütün gün ve gece sorularımızı ve konuşmalarımızı çeviriyor, hiçbir ayrıntıyı atlamamaya çalışıyor, helak oluyordu.

Bir sabah mutfakta, kahvaltıdan sonra Marge Teyzc, "Heranuş'un favori şarkısı şöyle bir şeydi," diyerek bir ezgi mırıldandı. Şarkının ezgisini hatırlıyor ancak sözlerini bir türlü çıkaramıyordu. Tüm çabasına rağmen hatırlayabildiği sadece ikinci satırıydı:

"Aşkın şarkısını söyledi." Birden aklıma anneannemin, bir ezgi mırıldandığı ilk ve tek zaman olan, kardeşi ile bağlantı kurduğumuzu söylediğim günler geldi. Acaba bu şarkıyı mı mırıldanıyordu? Bunu Marge Teyzeye söyledim. Durdu, düşündü ve "Olabilir," dedi.

Marge Teyze, hafızasını çok zorladı, ancak şarkının sözlerini hatırlayamadı. Çocukluk arkadaşlarını aradı. Onlar da hatırlayamadılar. Ama Marge Teyze yılmadı. Kilise korosunda çalışanları aradı. Koroda şarkı söyleyen iki kadın şarkıyı hatırladılar. Heranuş' un en sevdiği şarkı, bir çoban şarkısıydı.

Hingalla	Hingalla
Hovivı sarum dıkhretz	Üzgün çoban dağlara çıktı
Siro yerkı nıvakets	Aşkın şarkısını söyledi
Yerkı pots ayderin	Şarkısı, al yanakların
Yerkı var açerin	Şarkısı, alev gözlerin
Yerkı zıvart orerin	Şarkısı, şen günlerin.
Akh, kheğc hoviv kez pajin	Ah, garip çoban
Khor tzorer mınatsin	Uçurumlar düştü payıma
Hingalla-hingalla	Hingalla, hingalla
Yerkı pots ayderin	Şarkısı, al yanakların
Yerkı var açerin	Şarkısı, alev gözlerin
Yerkı zıvart orerin	Şarkısı, şen günlerin.
Aha yegav nor karun	İşte yeni bahar geldi
U dzağigner zartarun	Ve bezendi çiçekler
Kuyn-kuyn dzağigrerı	Renk-renk çiçekleri
Sirum yem hah-hah-hah	Seviyorum hah-hah-ha
Kuyn-kuyn dzağignerı	Renk-renk çiçekleri
Akh, kheğc hoviv kez pajin	Ah, garip çoban
Khor tzorer mınatsin	Uçurumlar düştü payıma
Hingalla-hingalla	Hingalla, hingalla
Yerkı pots ayderin	Şarkısı, al yanakların
Yerkı var açerin	Şarkısı, alev gözlerin
Yerkı zıvart orerin	Şarkısı, şen günlerin.

Marge Teyze, "Annem de dans etmeyi çok severmiş, köydeki eğlenceleri kaçırmaz, çok da güzel dans edermiş. Ama o olaylardan sonra bir daha hiç dans etmedi," dedi sonra. Bu dansları bilip bilmediğini sordum. "Biliyorum," dedi. Hiç değilse bir-iki figürünü göstermesini rica ettim. Beni kırmadı, masaya yaslanarak kalktı ve "Bu dansın adı haley," diyerek halay çekmeye başladı. Yerimden fırladım, yanına koştum ve koluna girdim, mutfakta birlikte halay çektik.

Ayrılık gününden bir önceki gece bütün aile veda yemeğinde bir araya geldik. Yemekte bir ara Richard şöyle dedi: "Kırımla ilgili ilk hikâyeleri dört-beş yaşında küçük bir çocukken öğrendim. Hayatım boyunca Türklerden çok korktum, Türklere karşı derin bir nefret besledim. Kırım olayının inkârı her şeyi daha da kötüleştirdi. Sonra sizlerin de Türk ama aynı zamanda ailemizin bir parçası olduğunu öğrendim. Şimdi bütün parçalarıyla bu büyük aileyi seviyorum ve diğer kuzenlerimle de tanışmak hatta onlarla müzik yapmak için can atıyorum. Ancak kırım olayını inkâr edenlerden hâlâ nefret ediyorum ve onları hiçbir zaman affetmeyeceğim."

Marge Teyze, kardeşlerime ve yeğenlerime hediyeler almıştı. Bunları verirken, "Ben onları görmeyi çok isterim. Ama sağlığım giderek bozuluyor, onları göremeden ölebilirim. Tanışmak mümkün olmayabilir ancak bunlara bakarak beni hatırlasınlar," dedi. Herkese ayrı ayrı kalıcı ve çok zarif hediyeler almış, üstlerine de güzel el yazısıyla notlar yazmıştı.

Sonra, "Biz bir aileyiz," dedi ve onca yıl sonra buluşan ailenin bir daha ayrılmamasını diledi. Ona hep birlikte, bir daha ayrılmayacağımıza dair söz verdik ve kadehlerimizi ailenin yaşayan bütün fertleri için kaldırdık.

Anneannemin anne ve babasının New Jersey'deki mezarı. Orayı ziyaret ettiğimizde akşam olmak üzereydi. Çiçekçilerin çoğu kapanmıştı. Bulabildiklerim arasında en iyileri pembe güllerdi. İki demet gül aldım.
Hovannes ve İsguhi'yi aynı mezara gömmüşlerdi.
Mezarın başucundaki plaketin yanına gülleri koyarken onlardan, anneannemden, hepsinden, kendim adına ve onlara bu inanılmaz acıları yaşatanlar adına bağışlanmayı diledim. Fotoğrafı Richard Bedrosyan çekti.

METİS EDEBİYAT

Suzan Samancı
KORKUNUN
IRMAĞINDA

"Susuyorduk. Susturuluyorduk... Islak yataklarımız-
da ancak geceleri konuşabiliyorduk. Nemli karanlık-
ta sözcükler ıslığa dönüşürken, biçim değiştiren
yaşlı çatılara bakıyorduk; sağır ve dilsiz gibiydiler.

"Gündüz yataklarımızı ıslatan, kalaslarla saldıran
haki renkli adamları kalın enselerinden tanıyorduk;
yüzleri yoktu, sesleri de... Ay ışığı yataklarımızın üs-
tünde solarken, kol kola giriyorduk. Ellerimizi yum-
ruk yapmaktan yorulmuyorduk; yorgunluğumuz ye-
di canlı kediydi, diriliveriyorduk. Sesimiz karanlık-
ta uzayıp giderken ant içiyorduk..."

METİS EDEBİYAT

Ayşegül Devecioğlu
KUŞ DİLİNE ÖYKÜNEN

Belki de kuş, şu "biliyor musun, duyuyor musun," diye tutturduğu kuş söylüyordu Gülay'a, her şeyi. "Üsküdar'a gidelim kuşu" adını takmıştı Yavuz ona; dalga geçmek için... Gülay kuşun mors alfabesine benzeyen sesini, Yavuz'a defalarca dinletmişti. Hiçbir şey anlayamamıştı bu sesten. Ama, Gülay'ın kara gözlerine bakınca, kendisinden çok daha fazla şeyin farkında olduğunu hissedebiliyordu.

Belki de bütün bu olan bitenler, yalnızca sezgiyle anlaşılabilecek şeylerdi; bugüne kadar kitaplarda yazmayan, henüz insan dilinde söylenmeyen şeyler. Otuz-kırk sene sonra sosyologlar bu döneme bakıp yorumlar yapacak, isimler koyacaklardı. "Ölenler," diyeceklerdi, "hepsi genç insanlardı. Çok genç insanlardı. Öyle gençlerdi ki, o kadar gençlerdi ki..."

METİS EDEBİYAT

Ayşe Özmen
SEN GÜLERKEN

Hülya, üç-dört yaşlarından beri bir hayalin peşinden koşmaktadır. Tam hatırlayamadığı ama zihninden de bir türlü atamadığı bir hayalin... İlkokul yıllarında bu hayal, tesadüfen resmini gördüğü küçük besleme Havva'yla ete kemiğe bürünüverir. Hülya, Havva'nın ardından çıktığı upuzun yolculukta kendisiyle yüzleşir; kahkahaların, şarkıların, süslü anlatıların arkasında kıvrılmış yatan bir aile sırrına ulaşır. Ne var ki bilincine vardığı şey, görmek ve duymak istemeyeceği kadar can yakıcıdır.

Ayşe Özmen, Hülya'nın öyküsünün peşinden, mutlu aile yuvalarının duvarları arkasına götürüyor okuru. Aile içi cinsel şiddetin nasıl gizlendiğini, sokakta değil evlerinde; yabancılar tarafından değil yakınları tarafından tacize uğrayan küçük çocukların nasıl olup da başlarına gelenleri anlatamadıklarını, duydukları utanç ve suçluluk duygusunun bu olayların açığa çıkmasını nasıl engellediğini, yaşadıkları şeyle yüzleşmenin zorluğunu gözler önüne seriyor.

Hülya'nın yıllar süren iç yolculuğu, bu tekinsiz coğrafyada kaçınılmaz olarak başka düşlere, başka yolculuklara da karışıyor.

METİS SİYAHBEYAZ

Erol Köktürk

MİNNACIK BİR DEV

Avukat Necla Fertan Ertel
Kendi Ağzından Yaşam Öyküsü

Necla Fertan Ertel, bir hukuk savaşçısı, bir solcu, bir dayanışma abidesi, Minnacık Bir Dev... Bu kitapta okuduklarımız, hayatı boyunca tutarlılığını korumuş, ilkelerine sadakati hiç yitirmemiş ve sürekli olarak hukuk savaşı vermiş mücadeleci bir kadının, Necla Fertan Ertel'in on sekiz saatlik bir söyleşide anlattıklarının dökümü.

Erol Köktürk, mesleğine âşık bu insanla, yakalandığı hastalığın tedavisi sürerken görüştü. Fertan'ın çocukluğu ve yetişme döneminden başlayarak yaşamının tüm evrelerini ve bu evreler hakkındaki değerlendirmelerini içeren kapsamlı bir tanıklık çıkardı ortaya.

Necla Fertan 6-7 Eylül olaylarından sonra Yunanistan'a göç eden Rumların mal varlıklarının yağmalanmasına karşı adalet savunucusu; cezaevinde sağlığı çok kötüleşmesine rağmen tedavi için dışarı çıkarılmayan Harun Karadeniz'in destekçisi; yıllarca bir öğretmen gibi demokrasi mücadelesi veren Behice Boran'ın her zaman yanında, en yakın dostu... Kısacası, 20. yüzyılın ikinci yarısında Türkiye'nin yaşadığı önemli olaylara bir hukuk insanının gözünden bakış...

İlkesizler cehenneminde, bilinç ve vicdan muhasebesi içindeki herkes için adeta bir teselli kaynağı, Necla Fertan Ertel'in yaşamı...